DES HOMICIDES
COMMIS PAR LES ALIÉNÉS

PAR

LE DOCTEUR É. BLANCHE

MEMBRE DE L'ACADÉMIE DE MÉDECINE,
DE LA SOCIÉTÉ MÉDICO-PSYCHOLOGIQUE
ET DE LA SOCIÉTÉ DE MÉDECINE LÉGALE.

*

Lorsqu'il s'agit de juger un criminel, la première pensée qui vienne à l'esprit, c'est que la gravité du crime qu'il a commis doit correspondre au degré de sa dépravation morale.

Lorsqu'un aliéné commet un attentat, le premier sentiment est également que le délire doit être conforme et proportionné à la violence de l'acte.

Dans le premier cas, cette impression sommaire n'est pas toujours justifiée par l'étude ultérieure des mobiles auxquels le coupable a cédé; dans le second, elle est absolument contraire à l'observation des faits, et la gravité de l'attentat commis par l'aliéné est le plus souvent en proportion inverse de l'étendue du trouble intellectuel dont il est atteint.

Le mémoire que j'ai l'honneur de soumettre à l'Académie a pour objet d'indiquer les rapports des actes accomplis par les aliénés, et qui chez un homme responsable s'appellent des crimes, avec les formes d'aliénation dans le cours desquelles ces actes sont survenus.

C'est un chapitre détaché de l'histoire des Folies dangereuses. Pour rendre l'exposé plus simple et plus clair, il ne sera question ici que des aliénés qui tuent, mais ces considérations pourraient s'appliquer aussi aux fous qui incendient et à ceux qui volent.

Si on admet l'existence d'une monomanie homicide, la question devient relativement facile à étudier. Les impulsions délirantes sont continues, elles concordent avec les conceptions qui semblent les avoir inspirées. Le médecin averti a l'attention éveillée, et le jour où le malade passe de l'idée à l'acte, le seul étonnement qu'il soit en droit d'éprouver, c'est que l'attentat se soit fait attendre si longtemps.

Si au contraire l'homicide, au lieu d'appartenir exclusivement à une espèce, peut être accompli par des aliénés représentant des types variés de la maladie, si la violence peut éclater à l'improviste ou être préparée par de longues hésitations, si elle résulte aussi bien de la mélancolie anxieuse et sombre que de l'excitation maniaque, il importe de rechercher comment et à quelles conditions ces états dissemblables peuvent aboutir à la même conséquence.

Il m'a paru que le meilleur mode d'investigation était de passer en revue les formes d'aliénation où l'homicide se produit le plus souvent; j'espère démontrer ainsi que des malades différents les uns des autres pour le médecin qui se borne à constater les idées délirantes prédominantes, peuvent offrir des analogies saisissantes à l'observateur qui pénètre plus avant dans l'analyse de la maladie.

Le délire de persécution est certainement celui où la tendance à l'homicide semble le plus logiquement commandée; l'aliéné est sous le coup d'une pression irritante ou terrible; ses ennemis l'obsèdent, sans qu'il ait fourni le plus léger prétexte à leur hostilité, ils s'acharnent contre lui, le calomnient, le menacent, l'empêchent de jouir de la vie, s'il est riche, de gagner son pain, s'il est pauvre; ses nuits sont troublées par les propos injurieux des voisins, ses journées s'écoulent dans les mêmes angoisses; tous les moyens sont bons à ses persécuteurs qui disposent de ressources mystérieuses, qui, non contents de le perdre au dehors, pénètrent jusque dans l'intimité de sa pensée, le forcent à vouloir ce qu'il ne voudrait pas, et ne lui accordent pas une heure de répit.

En pareil cas, il semble que le meurtre s'excuse par les droits de la légitime défense, et il n'est pas un de nous qui, se représentant par la pensée une situation si douloureuse, ne se demande s'il ne se délivrerait pas à tout prix d'une telle angoisse.

Et cependant, ce n'est pas parmi les persécutés que se rencontrent le plus grand nombre d'aliénés homicides. Pourquoi? C'est parce qu'avant de subir l'entraînement qui détermine les attentats contre les personnes, il faut qu'il intervienne un élément nouveau. Les persécutés inertes, résignés à leur sort, n'ont pas l'énergie de commencer la lutte; c'est souvent en souriant qu'ils racontent leurs infortunes auxquelles ils échappent par la fuite, si même ils essaient de s'y soustraire.

On trouve à côté, et comme types tout différents, des malades atteints du même délire de persécution, mais sujets à des exaltations critiques. Calmes habituellement, ils s'excitent, sans autre cause qu'une modification cérébrale dont ils n'ont pas conscience. Ces attaques se répètent plus ou moins, avec des durées variables et surtout des intensités inégales.

Quand la crise est peu accentuée, elle se traduit par un besoin de mouvement ou par une anxiété vague; plus elle augmente, plus elle devient menaçante; si une circonstance quelconque l'arrête dans son évolution, les aliénés ne sont qu'inquiétants, ils restent inoffensifs; mais si la crise atteint son paroxysme, ils vont jusqu'à l'acte, et se vengent ou se préservent d'un danger imaginaire en frappant celui qu'ils supposent être l'auteur de leurs maux. Chez les uns, la crise se manifeste sous une forme visible, traduite par les gestes et les paroles; chez les autres, elle se dissimule sous une agitation latente qui couve sans éclater. Quel que soit le mode d'expression, le fond est le même. L'excitation cérébrale éteinte, les malades rentrent dans la passivité et cessent d'être dangereux, jusqu'au retour, souvent possible à prévoir, de commotions semblables. L'homicide est provoqué par une impulsion soudaine en apparence, mais préparée en réalité, par l'accroissement des phénomènes d'irritation encéphalique, et destinée à s'effacer si l'occasion a fait défaut, ou si le calme est revenu.

Les alcooliques, et ils sont presque tous, à de certains moments et à des degrés divers, des persécutés, fournissent l'exemple le plus complet de ces ébranlements critiques; eux aussi sont tourmentés par des ennemis; au lieu de les entendre, ils les voient; on ne se contente pas de les obséder, on en veut à leur vie. Toujours agités, ils le deviennent à l'excès sous l'influence d'un progrès de l'intoxication; intermittente, nocturne ou diurne, et d'autant plus marqué qu'il se continue le jour et la nuit.

La maladie procède là, et c'est sa loi pathologique, par accès de courte durée en général; l'homicide est une des conséquences ordinaires et faciles à prévoir de cette marche du mal; tout le monde sait comment il s'accomplit; l'alcoolique, errant, incertain de sa direction matérielle et morale, torturé par des hallucinations terrifiantes, frappe à la manière des bêtes fauves quand la peur les envahit.

Il existe incontestablement des persécutés non intoxiqués qui ont par intervalles des affinités avec les alcoolisés persécutés. L'hallucination de la vue se mêle chez eux avec celle de l'ouïe, parfois elle la domine, donnant ainsi la preuve d'une excitation cérébrale plus vive. Sous la pression de cette poussée congestive, ils se transforment, et franchissent l'intervalle de la passivité à l'activité et par conséquent de la pensée à l'acte.

Quand on cherche à quel degré un malade peut être dangereux, on doit l'étudier au point de vue tout spécial de ces crises si mobiles, d'aspect si varié, mais pourtant possibles à reconnaître lorsqu'on s'y applique attentivement.

Les épileptiques que tant de symptômes analogues rapprochent des alcooliques, en dehors de l'attaque, les épileptiques deviennent souvent des meurtriers. L'analyse des troubles cérébraux par lesquels ils passent fournit les mêmes données, sans qu'on soit autorisé à dire que l'impulsion obéit à des règles précises.

Quelques exemples tirés surtout de l'étude des faits judiciaires permettent de signaler les procédés les plus habituels par lesquels l'homicide est accompli.

Dans une première catégorie, on peut ranger les épileptiques impulsifs qui, l'oeil ardent, le visage en feu, la vue troublée, à peine assez conscients de leurs actes pour les mener à fin, se précipitent sur le passant inconnu, le couteau, le marteau ou le bâton à la main, et le tuent, si le hasard ne permet pas qu'il échappe à cet assaut inattendu.

À une seconde classe appartiendraient les épileptiques à crise non convulsive, latente, prolongée, qui épient et semblent combiner leur agression, mais qui, en réalité, ne sont pas encore arrivés au point où, selon l'expression de M. le professeur Lasègue, ils seront mûrs pour la violence; ce sont ceux qu'on voit se promener pendant des heures avant d'agir, à l'aspect étrange plutôt qu'effrayant, et doublement dangereux parce qu'ils sont demi-maîtres d'eux-mêmes.

Dans une troisième division se placent les épileptiques à petit mal, chez lesquels, en dehors des attaques éclamptiques, il s'est produit une perversion mentale durable. Ceux-ci, les plus redoutables de tous, agissent en vertu d'une délibération poursuivie, patiente, et ne faisant explosion que si l'état congestif du cerveau, manifesté par ses signes habituels, a acquis une intensité suffisante pour déterminer la violence terminale.

C'est également à un entraînement devenu irrésistible que cèdent certains aliénés suicides qui tuent pour être tués; ils ont souvent fait sur eux-mêmes de nombreuses tentatives qui ont plus ou moins approché du but; enfin arrive le moment où l'impulsion est plus forte que leur résistance, et ils commettent un meurtre. Il n'y a pas à tenir compte des mobiles qu'ils allèguent après coup pour expliquer leur acte; en réalité, ils ont obéi à une impulsion produite par une surexcitation cérébrale momentanément plus intense et dont ils n'ont pas eu conscience.

Dans d'autres conditions pathologiques, un homme, sous le coup d'une lésion cérébrale chronique, est sujet à des exacerbations plus ou moins passagères et qui rentrent dans les conditions aiguës de l'épilepsie et de l'alcoolisme.

En fait, il n'est ni un buveur, ni un comitial, mais dût-il, dans ses intervalles réputés lucides, n'avoir jamais énoncé une conception délirante, le jour où l'accès aigu ou subaigu se produit, il se développe en lui une aptitude transitoire aux plus terribles attentats.

Les malades de cette espèce ne sont pas rares, et ce sont eux qui créent les plus grandes difficultés aux médecins consultés par la justice. Pour comprendre la marche et la nature de leur maladie, pour oser les exonérer d'une responsabilité qui semblerait si justifiée, il faut se représenter l'évolution des impulsions homicides dans les cas où l'aliénation remplit les intervalles qui séparent les crises; on voit alors que les symptômes sont les mêmes, et que l'état continu, uniforme, du trouble mental, occupant une place restreinte, n'a qu'une valeur secondaire.

Quelques observations choisies parmi les faits les plus intéressants qu'il m'a été donné d'observer pendant ma longue carrière de médecin d'aliénés et de médecin légiste prouvent qu'il ne s'agit pas d'une visée plus ou moins ingénieuse de l'esprit. Ces faits, classés dans l'ordre que je viens de suivre, serviront de pièces à l'appui et d'arguments à la démonstration.

J'aurais craint d'abuser de la bienveillante attention de l'Académie en rapportant ici ces observations, et je me suis borné à donner les conclusions auxquelles elles conduisent.

En résumé, il n'existe pas de forme spéciale d'aliénation mentale qui doive porter le nom de Monomanie homicide.

L'homicide peut être commis par des aliénés atteints d'affections mentales diverses, à la condition que les malades soient sujets à des crises d'excitation dite congestive assez intenses pour qu'ils n'en restent pas à la pensée et qu'ils en viennent à l'acte.

Ces crises, d'intensité et de durées variables, s'accusent par des signes qui doivent éveiller la défiance. Lors même qu'elles se dissiperaient sans avoir abouti à un meurtre ou à des violences graves, le devoir du médecin est de se tenir sur ses gardes.

L'alcoolisme et l'épilepsie représentent les maladies à perversions mentales dans lesquelles on observe le plus communément l'invasion de ces crises portées à leur plus grande puissance; ce sont aussi les espèces où on voit le plus souvent survenir les homicides; le délire de persécution et la monomanie suicide en offrent également des exemples assez fréquents.

Enfin, des malades atteints d'affections cérébrales congénitales ou acquises, caractérisées d'abord par des accidents physiques et plus tard par des troubles plus ou moins vagues du caractère ou de l'intelligence, peuvent être disposés à subir des crises d'excitation, et à commettre, sous cette influence passagère, des meurtres ou des actes de violence en désaccord avec leur état pathologique pendant les longues intermissions qui séparent les crises.

DÉLIRE DE PERSÉCUTION - ILLUSIONS DES SENS - TENTATIVE DE MEURTRE SUR UN ECCLÉSIASTIQUE - IRRESPONSABILITÉ.

Nous soussignés, docteurs en médecine de la Faculté de Paris, commis le 13 septembre 1871, par une Ordonnance de M. Blain des Cormiers, juge d'instruction près le Tribunal de première instance du département de la Seine, à l'effet de constater l'état mental de la nommée C... (Anne-Joséphine), inculpée d'avoir, à Paris, le 6 août 1871, commis une tentative d'assassinat sur la personne de M. l'abbé B...; après avoir prêté serment, consulté les pièces du dossier, recueilli tous les renseignements de nature à nous éclairer, et visité la prévenue à différentes reprises, avons consigné, dans le présent Rapport, les résultats de notre examen:

La fille C... est née en Belgique; âgée d'environ 48 ans, elle est douée d'une constitution robuste; une surdité assez prononcée est la seule infirmité dont elle soit atteinte. Si l'on s'en rapporte aux renseignements qu'elle donne sur ses antécédents, il n'y aurait pas eu d'aliénés dans sa famille; son père est mort à 80 ans; sa mère a succombé à la suite d'un accouchement.

Les antécédents tels que le dossier nous les fait connaître sont les suivants. La fille C... a été condamnée pour vol en 1855, à cinq ans de prison. À l'expiration de sa peine, elle est revenue à Paris, et, depuis cette époque, plus particulièrement dans ces dernières années, elle a mené une existence tourmentée, sur laquelle elle nous donne des renseignements précis. Les détails dans lesquels elle est entrée nous ont paru d'une très-grande importance dans l'appréciation de son état mental. Nous les exposerons tels qu'ils se sont présentés dans le long et minutieux examen auquel nous avons soumis la fille C... Ses réponses que nous reproduirons textuellement, pour ne rien leur enlever de leur caractère de sincérité absolue, sont conformes à celles qui ont été consignées dans ses différents interrogatoires; toutefois, elles traduisent d'une manière plus complète, plus fidèle, les préoccupations, les conceptions délirantes de la fille C...

D. Depuis quand êtes-vous ici?

R. Il y a un mois à peu près.

D. Pourquoi vous y a-t-on amenée?

R. J'ai été arrêtée parce que j'avais tiré deux coups de revolver sur le curé de Montmartre pendant la grand'messe.

D. Que vous avait-il fait?

R. Messieurs, je vais vous dire; j'ai eu un malheur pendant que j'étais domestique chez M. L..., j'ai volé de l'argent dans son bureau, et j'ai été condamnée à cinq ans de prison.

Quand je suis sortie de prison, j'avais pris de bonnes résolutions de travailler; j'ai eu la bêtise de me mettre dans la religion, et ma cause a été divulguée; ce sont les prêtres qui ont fait cela par intérêt; alors tout le monde a su que j'avais volé.

D. Comment vous êtes-vous aperçue de cela?

R. Ce n'était pas difficile; en chaire c'était de moi qu'on parlait.

D. Est-ce que vous avez entendu le prédicateur vous désigner par votre nom?

R. Non; quand il parlait de moi, il le mettait au masculin, ainsi il disait les mots: forçat, galérien, en me montrant, et un jour il me dit entre les dents: «Vous en avez assez.» Il y a eu un missionnaire, l'abbé M..., qui est venu prêcher à Montmartre; c'est le premier sermon où l'on s'est occupé de moi. Il a parlé de «l'or de Carthage», c'était pour moi qu'il disait cela, et comme une autre fois le curé, dans un sermon, a dit: «Qu'on se trompait, si l'on croyait que ceux qui volaient se corrigeaient tout à coup, qu'il leur fallait longtemps pour se corriger,» j'ai cru que c'était lui qui avait divulgué ma cause et qui avait dit à l'abbé M... de faire son sermon sur moi.

D. Qu'est-ce que cela signifiait pour vous l'or de Carthage?

R. Cela signifiait que j'étais une voleuse, car on dit que les Carthaginois étaient des voleurs,

D. Est-ce qu'on vous accusait aussi en dehors de l'église?

R. Je crois bien, Messieurs, c'était la même chose à l'atelier. Je travaillais à la maison G... Dans le commencement, cela allait bien; les contre-maîtres étaient bons pour moi d'abord; on me donnait de l'ouvrage, et puis au bout de quelques jours on m'en refusait par taquinerie. Quand j'arrivais à l'atelier, c'était comme un enfer; j'ai été bien malheureuse; pourtant le courage ne me manquait pas, mais quand on est résolu à bien faire, c'est un martyre d'endurer ce que j'ai enduré. Chaque fois que j'y allais, il y avait des huées, des gestes.

D. Depuis quand?

R. C'est depuis que le curé est arrivé en 1867. Il voulait m'avoir.

D. Pourquoi voulait-il vous avoir?

R. Par intérêt. J'avais à peu près 1,200 francs d'économies; j'ai eu des difficultés avec un vicaire à ce sujet-là; c'est de là que tout cela vient.

D. Monsieur le curé de Montmartre passe pour un excellent homme?

R. Oui, il passe pour un très-brave homme, mais il est pétri de perfidie à mon endroit; c'est une surfine canaille.

D. Qu'est-ce qui vous a donné la preuve qu'il s'occupait de vous?

R. Une fois, sur les buttes, je le rencontre; je le traite de lâche, de prêtre indigne. Il me dit: «Nous allons vous faire chaisière.» C'était certainement à moi qu'il s'adressait.

D. Est-ce que M. le Curé vous a toujours donné sujet de vous plaindre de lui?

R. Non, il y a eu un temps où il avait encore des égards pour moi; mais un dimanche, je me suis aperçue que les élèves d'un pensionnat qui étaient à côté de moi à l'église se retournaient pour me regarder pendant le sermon, elles avaient l'air de me dire: «C'est pour vous qu'on parle, vous faites trop de toilette.» Après, elles m'ont laissée tranquille. Elles avaient l'air de dire: «Puisqu'il ne faut pas la regarder, laissons-la.»

D. Qu'est-ce qui a fait changer M. le curé?

R. Je crois que ce sont les marguilliers, le personnel rapace. Tous se sont mêlés de me faire de petites taquineries. Ainsi, le gardien du Calvaire avait dressé son chien à courir après moi quand je passais. La chaisière disait au donneur d'eau bénite, d'une voix forte: «Huez la donc.»

D. Comment vous, qui êtes un peu sourde, entendez-vous si bien ce que l'on dit de vous?

R. On peut facilement distinguer. Les personnes qui sont sourdes, quand elles regardent ceux qui parlent, comprennent facilement au mouvement des lèvres.

D. Alors vous pensez que c'était le personnel de l'église qui avait indisposé le curé contre vous?

R. Le gardien du Calvaire surtout. Les vicaires aussi. Il y en avait un, l'abbé J..., qui me huait, me conspuait dans l'église. Plus il y avait de monde, moins il se gênait; en passant à côté de moi, il faisait: «Pschitt!» en signe de mépris. Un autre vicaire encore davantage. Il venait se mettre à côté de moi, et il faisait le signe de cracher. Je me suis plainte du donneur d'eau bénite à l'ambassadeur belge. Il a été conduit trois fois au violon, et, comme il continuait, on a employé quelqu'un d'en haut pour le surveiller; il a disparu pendant une journée, et quand il est revenu, il était encore plus acharné.

D. Comment en êtes-vous venue à la résolution de tuer M. le curé?

R. Je ne voulais pas le tuer, je voulais seulement le blesser, je voulais tirer dans les fesses, parce que j'ai entendu dire que dans les chairs ce n'est pas mortel. Je savais qu'on m'arrêterait, que je passerais aux assises, parce qu'il y aurait eu des journaux, et que j'aurais pu faire connaître que si j'étais venue une seconde fois en prison, c'était leur faute, aux curés. Je voulais qu'on voie bien clairement que c'est l'argent qui les fait agir.

D. Vous rappelez-vous à quelle époque vous avez conçu le projet de tirer sur M. le curé?

R. Il y a déjà quelque temps, mais je lui avais pardonné parce qu'il avait très-bien soigné son vieux père. Je lui ai écrit à ce sujet là.

D. Combien de temps avant cette tentative avez-vous acheté votre revolver?

R. En 1860, c'était pour me défendre des attaques d'un voisin qui ne me laissait pas une minute de repos.

Il avait ameuté tout le quartier contre moi. Je n'osais plus sortir de chez moi. On me traitait de voleuse, toujours à cause des prêtres qui avaient divulgué ma cause.

J'ai quitté Paris, je me suis trouvée à Reischoffen, dans les ambulances, puis j'ai été à Marseille; enfin, je suis revenue à Paris le 23 juillet dernier. J'avais écrit à l'ambassade belge que je donnais au curé de Montmartre jusqu'au 1er août pour me rendre justice et me donner la place de chaisière pour m'indemniser.

Le lundi, 6 août, je voulais tirer sur lui aux vêpres, pas à la grand'messe, pour ne pas faire de scandale. Voilà que le dimanche, le curé a fait la quête; je savais bien que ce n'était pas à lui de la faire; il l'a faite par taquinerie; il est passé devant moi, sans me présenter la bourse, il a fait exprès d'aller causer avec des dames qui étaient à côté de moi. Alors moi, exaspérée, j'ai pris mon revolver sous mon caraco, j'ai déchargé mon coup sur lui. J'ai été très-agitée parce que ce n'était pas le moment que j'avais choisi; si j'avais eu le temps de me préparer, j'aurais été plus calme.

D. Que s'est-il passé ensuite?

R. Après, je n'ai pas dit une parole, je me recueillais, j'étais convaincue qu'ils allaient me tuer.

D. Qui «ils»?

R. Le suisse, le bedeau, qui s'étaient précipités sur moi.

D. Regrettez-vous ce que vous avez fait; êtes-vous inquiète de ce qui peut vous arriver?

R. Non, je ne suis pas inquiète.

D. Vous nous disiez que vous aviez fait quelques économies, vous reste-t-il encore un peu d'argent?

R. J'ai tout dépensé. Quand je suis allée à Marseille, j'avais acheté une petite voiture et de la mercerie pour vendre dans les rues; c'était la même chose qu'à Paris; j'ai vu des personnes dans la banlieue qui chuchotaient et disaient: «Il ne faut rien lui acheter.» J'ai vu que cela venait encore des prêtres. J'ai écrit au curé pour le supplier de ne pas me montrer au doigt, il n'en a pas tenu compte.

Je lui prédisais malheur, il a continué.

Quand je suis revenue, c'était encore pire qu'avant. Ainsi, quand j'allais faire mon heure d'adoration, il le savait, et venait tout exprès dans l'église pour me narguer. Je suis certaine qu'il avait divulgué ma cause partout. Ainsi, à Lyon, en venant par le chemin de fer, j'ai très-bien vu deux jeunes gens, sur le quai de la Gare, qui ont chuchoté en me regardant, je me suis dit tout de suite: «Me voilà encore reconnue.» Maintenant, je suis dépouillée, je n'ai plus rien, et je ne peux plus trouver de travail nulle part.

D'abord on me reçoit, puis deux ou trois jours après on me refuse. C'est toujours la même chose.

D. Vous nous avez parlé de votre condamnation, avez-vous été prise sur le fait?

R. Non, Monsieur, ce n'est que quelque temps après. J'avais pu m'en aller en Belgique où j'ai un frère officier.

Il est un peu fier, il ne m'a pas bien reçue.

Je suis revenue à Paris, et l'idée m'est venue d'acheter des vêtements d'homme, puis de repartir pour la Belgique, habillée en homme. Je voulais aller dans le café où il va d'habitude, je l'aurais provoqué en lui jetant un verre de bière à la figure. Mais il y avait des agents à la gare, ils ont regardé dans mon paquet que j'avais laissé un moment, il y avait des vêtements de femme; quand je suis venue pour le prendre, ils m'ont arrêtée, c'est comme cela que j'ai été reconnue et passée en jugement.

D. Pourquoi ne pas garder vos vêtements de femme pour aller jeter un verre de bière à la figure de votre frère?

R. C'est que je ne voulais pas que dans le café on me prît pour sa maîtresse.

D. Avez-vous eu quelque liaison dans votre vie?

R. Jamais, Messieurs, je n'ai eu de rapports avec un homme; je n'ai jamais aimé personne. On me faisait rougir rien qu'en me parlant mariage. Ce n'était pas dans mes idées.

D. Vous nous dites que le curé avait indisposé tout le voisinage contre vous par ses révélations; vous poursuivait-on jusque dans votre chambre?

R. Pas directement, mais ils cherchaient à savoir ce que je faisais chez moi.

Ils montaient sur la tour Solférino pour plonger dans ma chambre.

Ils se mêlaient de tout. Je ne pouvais pas sortir sans qu'ils soient à me guetter.

Un soir, je rentrais avec un journal à la main; l'abbé M... passe à côté de moi, et il dit: «Voilà-t-il pas qu'elle va lire le journal, maintenant,» et il fait un geste de mépris. J'ai eu envie de lui dire: «Est-ce que je ne l'ai pas payé?» Mais je me suis retenue pour ne pas faire de discussion dans la rue. Je sais bien ce qu'ils veulent à présent. Ils vont faire tout ce qu'ils pourront pour prouver que j'ai eu un accès de fièvre chaude. Le directeur et les soeurs d'ici sont d'accord avec eux. Quand ils ont su que vous étiez venus me voir, ils ont dit: Il faut lui fermer la bouche.

Le directeur a voulu m'interroger, j'ai refusé de répondre. Je les tiens. Ah! J'ai supplié le curé à mains jointes de ne pas me faire connaître, il n'en a pas tenu compte. Je ne prierai plus maintenant. Il faut que l'on sache tout.

D. Avez-vous entendu des personnes parler de vous quand vous étiez seule dans votre chambre?

R. Non, il n'y a que les voisins qui me taquinaient, qui me guettaient, et qui faisaient des saletés devant ma porte, mais ils ne me parlaient pas.

Ma chambre donnait sur le cimetière; j'ai vu le gardien du Calvaire qui dressait son vieux chien à aboyer après moi. Il en avait un plus jeune qui a disparu, après que je me suis plainte au commissaire de police et à l'ambassadeur belge. Cette fois là, il s'est aperçu que je le surveillais; alors il s'est faufilé le long de la muraille comme quelqu'un qui se cache, et je ne l'ai plus vu.

D. Alors, vous voyiez les personnes qui s'occupaient de vous?

R. Messieurs, c'était bien facile. Depuis qu'il y a eu du bruit sur mon compte, je suis certaine que je ne faisais pas un pas sans être suivie.

J'avais cessé de me confesser au curé de Montmartre, et j'allais à confesse, tantôt dans un endroit, tantôt dans un autre. Le curé voulait savoir où j'allais, il aurait voulu que je vienne à la paroisse, moi, je m'y refusais. Ils m'ont fait suivre pendant deux bonnes années au moins; j'ai tout fait pour les dépister, je les retrouvais toujours; ils étaient acharnés après moi.

D. Quelles espèces de gens étaient-ce?

R. J'ai bien fait attention. Il y avait surtout un homme gros, et le gardien du Calvaire. Un jour, je descendais de chez moi, je m'aperçois qu'ils me suivent: je me dis, je vais les tromper. Je descends jusqu'aux halles, je passe à travers les voitures, je me sauve jusque dans le faubourg Saint-Germain. J'entre dans une église, je ne sais plus laquelle. Il y avait un prêtre au confessionnal, avec une pénitente d'un côté, je me mets de l'autre côté, J'attends dix minutes, et le prêtre m'entend. Quand je sors de l'église, le gros homme était là, il avait l'air très-contrarié. Alors je voulus m'amuser à leurs dépens; je ne sortais plus qu'avec une grosse Bible sous mon bras.

Ils disaient: la voilà encore, elle va se confesser, suivons-la. Un jour, j'ai descendu les buttes en courant. En bas, je me retourne, je revois encore le même homme, il était très-essoufflé et paraissait très-contrarié. Je l'ai pris pour un inspecteur des moeurs. J'ai écrit cela à l'ambassadeur belge.

D. Comment viviez-vous?

R. Très-simplement. On disait que je faisais trop de toilette; j'achetais de bonnes choses pour que cela dure plus longtemps, voilà tout.

D. Comment vous nourrissiez-vous?

R. Je préparais mes aliments moi-même. Je suis très-sobre, je ne bois presque pas de vin. Je suis sûre que je n'en bois pas 20 litres par an. Je préfère le café, j'en prenais pas mal; quelquefois cela me portait un peu sur les nerfs.

D. Depuis que vous êtes ici, êtes vous plus tranquille, a-t-on cessé de vous tourmenter?

R. Oui, je suis tranquille; pourtant les soeurs sont contrariées que je n'aie pas voulu répondre au directeur. Mais je ne dois de réponse qu'au juge d'instruction. Je vois bien qu'on cherche à me gagner; le curé de Montmartre est déjà en communication avec les soeurs d'ici. Ils vont faire tout ce qu'ils pourront pour mettre cela sur le compte de la folie; c'est qu'il faudra prêter serment, et ils savent bien que je ne vais pas me présenter bouche close à la Cour d'assises. Oui, je dirai devant tout le monde que s'il y a tant de repris de justice qui ne reviennent pas au bien, c'est la faute des prêtres; Ils sucent jusqu'à la dernière goutte de notre sang. Je ne suis pas inquiète, allez, je les tiens.

Nous avons tenu à reproduire fidèlement les paroles de la fille C...; mais ce que nous ne pouvons rendre, c'est l'accent de conviction avec lequel ses réponses nous ont été faites.

Nous aurions pu insister sur quelques détails qui l'au-raient montrée laborieuse, économe, d'une piété exagé-rée peut-être, mais correspondant à un sentiment élevé, celui de sa réhabilitation: nous avons pensé que nous devions nous en tenir exclusivement à l'appréciation des faits qui ont précédé la tentative de meurtre à la-quelle elle s'est livrée, et qui, pour nous, n'est qu'une des manifestations de l'état morbide qu'il nous reste à défi-nir.

La fille C... est atteinte de délire lypémaniaque avec prédominance d'idées de persécution. Si l'on cherchait à préciser le début des troubles, on pourrait le faire re-monter à l'époque où elle allait quitter Paris, sous des vêtements d'homme, avec l'intention d'aller provoquer son frère à Bruxelles. Si nous la perdons de vue pen-dant les cinq années qu'elle a passées en prison, il nous est facile de rétablir à partir de ce moment l'enchaîne-ment des faits, de constater les illusions du sens de la vue, et surtout de l'ouïe, de suivre les déterminations déraisonnables, mais logiques, qu'elles entraînent. La vie de la fille C... n'est plus, comme elle le dit elle-même, qu'un martyre; et ne se rendant pas compte de l'origine même de ce martyre, qui est son propre ou-vrage, elle ne vit plus que pour trouver aux faits les plus simples, les plus habituels de son existence, une interprétation fausse. Chaque jour, ses griefs prétendus augmentent; chaque jour, un incident nouveau vient grossir le nombre des taquineries dont elle se croit la victime. Ses imaginaires persécuteurs sont des prêtres, qu'elle accuse d'avoir divulgué sa cause; et, sans prendre garde que c'est la préoccupation constante de la tenir cachée, qui s'est transformée en elle, elle ne voit plus dans les attitudes, dans les gestes, dans les paroles de ceux qu'elle soupçonne, que des allusions blessantes qui l'irritent. Tout son délire s'alimente de ces illusions incessantes; la surdité dont elle est atteinte en favorise encore le retour. Elle cherche à lire sur les lèvres, et ce qu'elle surprend, ce sont toujours de nouvelles insultes. Elle n'a pas conscience de la part active qu'elle prend à la création de ces interprétations fausses; et c'est avec ces éléments que se constitue un délire, en apparence si complexe, au fond si précis et si net, qui devait aboutir aux violences sur le curé de Montmartre, organisateur, selon elle, du complot tramé contre son repos, contre sa réputation.

Rien ne manque dans ses réponses, qui sont pour nous absolument significatives, ni ces expressions qu'adoptent les aliénés de ce genre, qui reviennent à chaque instant dans leurs discours, qui sont caractéristiques d'un trouble mental essentiellement chronique, Il n'y manque pas même la préméditation, dont, bien à tort, on ne suppose pas les aliénés capables; mais cette préméditation même a son caractère spécial.

La fille C... ne cache pas ses projets; il y a deux ans qu'elle avertit le curé lui-même, l'ambassadeur de Belgique, le commissaire de police, et il n'eût fallu qu'un peu plus de clairvoyance pour empêcher un attentat dont les suites pouvaient être plus graves.

Plus nous avons examiné cette fille, plus s'est faite claire, certaine, absolue, la conviction d'une aliénation mentale déjà ancienne; et, si nous n'avions eu déjà l'examen direct pour nous éclairer, nous aurions trouvé, dans le dossier, une lettre adressée au curé de Montmartre, à la date du 7 septembre 1868, et qui ne permet aucun doute; nous en extrayons les passages suivants:

«Monsieur, écrit-elle, je veux vous dire ce que j'ai sur le coeur. Le jour de l'Adoration vous faisiez l'innocent, vous veniez de bonne heure, comme pour me donner le change, comme pour dire, je ne vois pas le prédicateur, je ne puis donc pas lui raconter votre histoire, comme si je ne savais pas qu'avant d'arriver le prêtre me connaissait; je n'ai qu'à me présenter dans l'une des églises qui s'ouvrent à la neuvaine de Mai pour apprendre combien vous êtes habile à donner les signalements. Mais pour les deux premiers prêtres qui sont venus prêcher, c'est autre chose, vous les avez fait venir pour me montrer à eux, vous m'avez parfaitement bien fait espionner.

«... Vous avez détruit par vos paroles le peu de confiance que l'on pouvait avoir encore en moi. Monsieur le curé, je ne mettrai plus les pieds dans votre église; vous avez comblé la mesure. Je vous ai prié, je vous ai supplié de ne pas me forcer à courir à l'autre bout de Paris pour sanctifier mon Dimanche, je n'ai pu l'obtenir.

«Eh bien, s'il faut se tuer de fatigue, on se tuera, voilà tout. Du reste, je ne tiens pas à la vie, car vous en avez fait un long martyre; ma réputation, vous vous en êtes joué; mon existence, vous l'avez compromise; vous m'avez fait au coeur une plaie incurable, car, quand bien même je partirais, et ce ne sera pas long, je penserai toujours avec une grande douleur que ceux-là même qui devaient être bienveillants pour moi, qui auraient dû me protéger, qui auraient dû donner l'exemple et cacher ma faute, que ce sont ceux-là même qui ont été les plus pressés de la divulguer, qui ont été mes ennemis les plus acharnés... Je me dis, les prêtres voyagent, les soeurs de charité, les frères ignorantins aussi, et comme je ne suis pas pour rester à Paris, si, n'importe où j'irai, je venais à rencontrer un prêtre, soit un frère, soit une soeur, et que ces trois différentes personnes me connaissent, je serais sûre d'être trahie là où je serais rencontrée, comme je suis sûre d'être trahie dans tout Paris, car quand le curé et le clergé donnent l'exemple, les paroissiens ont carte blanche, etc.»

En effet, elle quitte Paris, mais ses préoccupations délirantes la suivent partout. Elle se croit reconnue, espionnée, et, reprenant au loin le système organisé par elle, elle ne doute pas que les machinations odieuses dont elle était victime à Paris sont continuées en province. Il semble que ce soit à Marseille, que le projet de blesser M. le curé de Montmartre ait été conçu, et cela «parce que dans la banlieue elle a vu des gens qui chuchotaient et qui disaient: la voilà, il ne faut rien lui acheter.» Elle n'a pas plus conscience de la valeur morale de cet acte, qu'elle n'a conscience de l'état de trouble intellectuel permanent dans lequel elle vit. Elle est calme, sans inquiétude; ce qu'elle a fait, elle est prête encore à le faire; ce n'était pour elle, et ce n'est aussi pour nous, que le complément de ses conceptions délirantes.

Ce dénouement nécessaire, malheureusement non prévu par tous ceux qui ont méconnu son état, se serait produit beaucoup plus tôt peut-être, si cette femme, au lieu de n'avoir que des illusions, eût été sollicitée par des hallucinations. Mais il ne semble pas que ce phénomène ait existé chez elle; elle parle bien des moyens à l'aide desquels on parvient à savoir la pensée, mais elle ne donne à ce sujet que des renseignements un peu vagues; elle affirme qu'elle n'a rien vu, rien entendu, rien senti d'extraordinaire dans sa chambre; seulement ses voisins, pour la taquiner, parce qu'elle est très-propre, s'amusaient à cracher devant sa porte. Pour elle, il y a toujours un fait extérieur, dénaturé, interprété dans le sens de son délire, qui sert de point de départ à ses déterminations.

Dans la prison, son attitude n'est pas moins caractéristique; méfiante et soupçonneuse, elle est déjà convaincue que les soeurs de Saint-Lazare l'espionnent pour le compte du curé de Montmartre. Elle est en garde contre le directeur, auquel elle refuse de répondre, parce que deux religieuses l'ont conduite auprès de lui. On veut lui fermer la bouche, mais «je les tiens», nous répète-t-elle, avec cette satisfaction à la fois vaniteuse et naïve des aliénés atteints de délires systématisés.

De tous ces faits, de l'étude attentive à laquelle nous nous sommes livrés, nous nous croyons autorisés à conclure:

1° Que la nommée C... (Anne-Joséphine) est atteinte d'aliénation mentale.

2° Que les troubles intellectuels qu'elle présente appartiennent au genre des délires de persécution avec illusions des sens.

3° Que le début de cette affection remonte à plusieurs années déjà. S'il ne nous a pas été possible de préciser la date de son apparition, il est resté, du moins, évident pour nous, que le délire existait en 1868, avec les caractères que nous lui retrouvons encore aujourd'hui.

4° Qu'à l'époque et au moment où la fille C... a commis l'acte dont elle est inculpée, elle était dominée par des conceptions délirantes qui lui étaient la conscience, et par conséquent, la responsabilité de ses actions.

5° Que la fille C..., obéissant aux suggestions de son délire, est absolument incapable de se diriger; que, de plus, ayant perdu toute conscience de la valeur morale de ses actes, en tant qu'ils ont rapport à ses conceptions délirantes, elle est depuis longtemps et restera désormais une aliénée dangereuse.

6° Qu'il y a lieu, au point de vue de sa propre sécurité et dans un intérêt d'ordre et de sécurité publics, de la placer et de la maintenir dans un établissement spécialement consacré aux aliénés.

À Paris, le 27 septembre 1871.

Signé: A. MOTET, É. BLANCHE.

Dans ce fait significatif, deux crises plus manifestes et des accès de moindre intensité attirent l'attention. La fille C... est prise d'une impulsion au vol qui contraste avec sa conduite habituelle. Les détails de cette poussée impulsive ne nous sont pas assez connus pour que nous y insistions. La vie ultérieure de la malade se passe dans une sorte de vagabondage moral familier aux aliénés de cette catégorie, interdit aux persécutés passifs qui sont exempts d'attaques congestives et qui ne commettent pas d'actes dangereux. À en croire son récit, le découragement moral, l'impossibilité de trouver du secours, l'abandon du clergé auquel elle s'était adressée, expliquent et justifient la diversité de ses états psychologiques: si on rédige les observations des maladies mentales sous la dictée des malades raisonneurs, la formule est toujours la même; il est naturel que de telles causes provoquent de tels effets, et la folie devient la résultante logique des événements.

En réalité, il n'en est pas ainsi, et ce qui le prouve, c'est que les impulsions violentes naissent sans provocation, lentes ou instantanées, passant ou non de la pensée à l'acte, suivant que l'excitation cérébrale varie de degré.

Chez la fille C... aucun incident exceptionnel ne s'est produit. À ses périodes multiples d'excitations physico-morales, tantôt elle part en voyage à la recherche d'un parent, tantôt elle fuit au hasard pour se soustraire aux persécutions; plus calme, elle revient et se rassérène. Comment a-t-elle pu suffire, avec ses ressources plus que restreintes, à cette vie errante, nul ne le sait.

Un jour, pendant la messe, ayant hésité si longtemps, elle tire deux coups de pistolet sur le curé de sa paroisse. L'accès s'épuise rapidement, comme il arrive presque toujours en pareil cas.

La fille C..., arrêtée sans résistance, plaide les circonstances plus qu'atténuantes qui ont motivé sa violence. Elle se fait, à l'usage des juges, le roman psychologique qu'elle s'est répété tant de fois. Un élément nouveau vient cependant s'y ajouter: ce n'est pas pour elle, c'est pour le droit qu'elle a combattu. À la fois héroïne et victime, elle témoigne par le mélange des aspirations vaniteuses avec la dépression mélancolique, qu'elle appartient au type des persécutés à crises impulsives.

Dans la prison, nouvelle attaque d'excitation cérébrale, sans résultat cette fois, mais qui se traduit par la terreur intermittente des religieuses qui la surveillent. On voit ainsi l'appétit du meurtre et du vol éclater comme par hasard, au cours d'un délire continu mais inoffensif dans ses phases de mélancolie.

DÉLIRE DE PERSÉCUTION -HALLUCINATIONS - ILLUSIONS DES SENS -ACCÈS D'AGITATION MANIAQUE AIGUË - GUÉRISON DE L'ACCÈS MANIAQUE - PERSISTANCE DE CONCEPTIONS DÉLIRANTES ET DES HALLUCINATIONS - MÉGALOMANIE - MEURTRE - IRRESPONSABILITÉ.

B..., Jean, âgé de 30 ans, né à Metz (Moselle), terrassier, est un homme d'une haute stature, et qui a toutes les apparences d'une grande force physique. La physionomie a une expression étrange et qui annonce des préoccupations incessantes; il parle avec lenteur, avec hésitation même, non comme s'il cherchait à dissimuler, mais comme s'il craignait de révéler des secrets qui ne lui appartiennent pas; il a même un accent de parfaite sincérité et des formules de politesse naïve qui font contraste avec son aspect grossier. Sa tête, mal conformée, est garnie d'une chevelure épaisse, inculte, mal plantée, qui contribue encore à donner à l'ensemble de sa personne un air sauvage.

B..., d'une santé habituellement bonne, n'avait pas d'habitudes d'ivrognerie. Il était seulement sujet à des érysipèles de la face et du cuir chevelu, et c'est à la suite du dernier, dont il a été atteint dans le courant du mois de juin 1869, qu'il a présenté les symptômes, d'abord d'une affection cérébrale aiguë, puis d'une aliénation mentale avec accès de fureur. Conduit au dépôt de la Préfecture de police, il est déclaré atteint de mélancolie anxieuse, et envoyé d'abord à Sainte-Anne, puis dans un autre asile où il entre le 15 juin, et d'où il sort le 10 juillet suivant, avec la mention qu'il est actuellement guéri de l'aliénation mentale qui avait motivé sa séquestration, et qu'il y a lieu de le mettre en liberté. B... revient chez lui. Depuis ce moment jusqu'au 4 septembre, il ne semble pas que B... ait attiré l'attention par des allures et des actes excentriques. Nous nous l'expliquons d'ailleurs par les manières réservées et discrètes de l'inculpé qui paraît sans cesse absorbé dans ses réflexions, et qui ne parle que difficilement et peu.

Mais si l'enquête ne nous apprend rien de positif sur ce qui s'est passé dans ce laps de temps, B... nous le fait savoir par ce qu'il raconte de tout ce qu'il a souffert depuis son retour chez lui. Nous allons reproduire textuellement le récit de B..., récit qui a été fait en plusieurs fois, sans que jamais aucune trace de simulation ait pu nous inspirer le moindre doute sur sa sincérité, récit dans lequel il n'a jamais varié, et qui montre à quel point B... a la raison troublée:

Voici ce que B... nous a dit: «Il s'est marié il y a 13 ans; il a toujours aimé sa femme; c'est elle qui n'était pas bonne pour lui; elle voulait se remarier; si elle avait pensé à la Providence divine, elle n'aurait pas fait ce qu'elle a fait; elle n'aurait pas débauché autant de peuple; il ne l'a jamais surprise, mais il l'a su tout de même par beaucoup de monde; il a trouvé des signalements contre elle qui lui faisaient des injustices.

«Elle ne le trouvait pas assez bel homme. Il ne veut pas parler; ce serait trop long; il faut connaître la manière de comprendre le secret; c'est un secret qu'il a dans l'estomac. Il faut qu'il parle lentement; c'est la Providence qui le protège.

«Il entend bien le secret, lui, mais il ne peut pas le dire; il pourrait bien le faire entendre d'ici au Palais-Royal à quelqu'un qu'il voudrait; mais il ne le dirait pas à son frère: il ne peut pas le dire; c'est pour la vie; ce doit être la Providence qui lui a donné cela. Il y a au moins deux mois qu'il a vécu de poison, du verre pilé que sa belle-soeur mettait dans son vin; ses cousins étaient complices; il a été averti par des personnages somnambules; il avait tout cela sur les épaules, ils l'ont assez travaillé; il croit qu'il en est débarrassé; il a découvert et ôté les secrets aux somnambules; il croit qu'ils n'embarrasseront plus beaucoup Paris en ce moment. Il est arrivé beaucoup de choses par lui dans ces derniers temps; nous devons le savoir, ça doit être connu; il doit y avoir de l'argent de rentré par son ordre, parce que la Providence le protège; l'argent appartient à la France; dans une cellule il ne peut pas savoir la somme; il peut éteindre les incendies dans toutes les villes d'Europe; il peut se promener partout sans quitter l'endroit où il est; il ne peut pas rester en cellule; la Providence lui annonce qu'il va être empereur; avant-hier il a arrêté la colère de Dieu qui voulait punir le peuple pour ses méchancetés; il serait bien content de connaître l'empereur de France. Sa femme vit; ce n'est pas elle qui a été tuée; ils disent que c'est la femme d'un des hommes qui sont dans la cellule; c'est une somnambule qui a tué la femme; elle a voulu le tuer aussi; il a reçu quatre coups de poignard.

(Il nous montre les cicatrices sur son ventre, et nous ne voyons qu'une très-ancienne et très-petite cicatrice, produite probablement par une piqûre de sangsue.)

«C'est une nommée Françoise qui a fait tuer la femme par un homme; il se souvient que la femme a été prise par le col, et ensuite on lui a coupé le col avec un rasoir; elle n'était pas encore étranglée; il était couché dans le même lit, il n'a pas pu l'empêcher; il ne peut pas couvrir tout contre les somnambules; il en a eu jusqu'à vingt après lui, mais ils n'étaient pas assez forts, c'étaient surtout des femmes. On lui mouillait son pantalon, on voulait l'enlever pour le conduire dans son pays. On l'a fait passer pour fou; on l'a fait mener à Sainte-Anne, de là dans un autre asile; sa femme est venue le chercher en pleurant. Sa femme l'a fait sortir pour le faire assassiner par les somnambules; elle a pleuré devant les pieds de ces messieurs qu'elle avait besoin de lui.

«Après son retour chez lui, les somnambules ont commencé à le tourmenter; sa femme et ses complices ont commencé à lui donner du verre pilé; elle mangeait au dehors avec ses compagnons, et lui, mangeait son pain sec; c'était dans le vin qu'était le poison.»

Tel a été le récit de B... Dans toutes les visites que nous lui avons faites, il a constamment répété les mêmes phrases en se servant des mêmes expressions. Il lui est arrivé parfois de nous éconduire, toujours avec les mêmes formes de politesse, assurant qu'il ne pouvait pas parler. Cependant il a fini par nous avouer que les somnambules continuaient à le tourmenter; que la nuit on l'empêchait de dormir, qu'on le soulevait dans son lit, que le matelas lui donnait des secousses; et, en effet, le surveillant nous apprend que B... a rejeté le matelas tout neuf sur lequel il couchait, se plaignant qu'il avait une mauvaise odeur et qu'il contenait du poison; il a également rendu les draps, il s'enveloppe dans une couverture et s'étend sur la paillasse. On nous informe aussi qu'un jour il a eu un accès d'emportement; il menaçait de tout briser si on ne voulait pas laisser venir sa femme qu'il entendait l'appeler; il murmure des mots inintelligibles et il semble écouter des voix qui lui parlent; quand il se décide à répondre, il tient les discours les plus incohérents et les plus insensés; il croit que tout est détruit dans Paris, que la colonne de Juillet est renversée; il nous dit tantôt que la Seine est gelée, tantôt que l'eau est changée en sang; il voit Dieu et cause avec lui; il a vu aussi la sainte Vierge et l'enfant Jésus dans sa maison; Dieu lui parle et lui fait connaître ses volontés; c'est lui, B..., qui doit sauver le monde.

Il dit tantôt que c'est sa femme qui a été tuée, tantôt que c'est une inconnue; il accuse toujours les somnambules de le travailler; B... est tellement dominé par ses hallucinations, qu'il ne prend aucun soin de sa personne, qu'il satisfait ses besoins personnels dans son lit ou dans ses vêtements, et qu'il résiste quand on veut le nettoyer; il est constamment absorbé dans ses pensées; il passe ses journées entières à écouter les voix qui lui parlent.

Ainsi que nous l'avons déjà dit, rien dans la tenue, ni dans l'accent de B... n'annonce la moindre idée de simulation; toute sa personne, au contraire, l'expression de sa physionomie, sa voix, tout est marqué au sceau de la plus parfaite sincérité. D'ailleurs, la forme même des conceptions délirantes que l'on trouve chez B... est caractéristique, et ne pourrait être imaginée et réalisée par un homme sain d'esprit qui voudrait en imposer et simuler la folie. Pour aller au-devant de l'objection de la simulation, nous avons soumis B... à une très-longue observation, et, dans les nombreuses visites que nous lui avons faites, nous n'avons jamais surpris le moindre indice qui pût nous faire douter de la réalité de l'aliénation mentale dont il présente les symptômes.

À l'appui de cette opinion, nous pouvons encore invoquer la tenue et la conduite de B... pendant et après le meurtre de sa femme. Un enfant déjà d'un certain âge, un témoin, par conséquent, est là dans la même chambre; il dort, il est vrai, mais il peut se réveiller, et, en effet, il se réveille, puisqu'il demande à B... ce qu'il scie pendant que celui-ci coupe le col de sa femme avec le rasoir; eh bien, B... ne choisit pas un moment où l'enfant serait absent, et la présence de cet enfant ne l'arrête pas. Le meurtre accompli, il recouvre le corps de sa femme avec le drap, et il reste paisiblement à côté du lit; le matin, il emmène l'enfant faire une promenade, après lui avoir dit que sa mère dormait; il rentre avec l'enfant, puis il l'envoie déjeuner au dehors, et lui, reste là, dans la chambre, et le soir, quand les voisins arrivent avec le commissaire de police, il ne paraît pas ému, il montre où est sa femme, et il se laisse emmener, sans avoir pendant toute la journée fait aucune tentative pour se soustraire aux conséquences de son action.

Ce n'est certes pas ainsi que se conduisent les criminels, et la manière d'être de B... dans la matinée et dans la journée du 5 septembre est certainement celle d'un homme qui n'a pas conscience de ses actes. De tout ce qui précède, nous concluons que:

1° B... (Jean) est atteint d'aliénation mentale, et le début de sa maladie remonte probablement à une époque déjà assez éloignée;

2° Au moment où il a commis le meurtre dont il est inculpé, B... était dominé par des conceptions délirantes et des hallucinations qui lui ôtaient la conscience de ses actes;

3° B... ne saurait être déclaré responsable du meurtre qui lui est imputé;

4° B... (Jean) est un aliéné des plus dangereux, et il y a nécessité de le séquestrer dans un asile spécial, où il devra être entouré de la surveillance la plus rigoureuse.

À Paris, le 18 octobre 1869.

Signé: G. BERGERON, É. BLANCHE.

J'ai reproduit entièrement ce rapport, parce que le cas de B... me paraît offrir plusieurs points intéressants. Les renseignements sur les antécédents héréditaires manquent, mais B... a une malformation congénitale de la tête. B... n'a pas d'habitudes d'ivrognerie; il est habituellement d'une très-bonne santé, sauf qu'il est sujet à des érysipèles de la face et du cuir chevelu. La crise d'agitation maniaque aiguë qui a nécessité son placement dans un asile est survenu vers la fin d'un érysipèle. Cette crise n'a été que de courte durée, et B... est redevenu promptement calme, d'un caractère concentré, taciturne, ne communiquant pas ses pensées, régulier dans sa tenue, bref, mais correct dans ses réponses, il a pu dissimuler le véritable état de son esprit, et sur les instances de sa femme, il a été remis en liberté.

À peine rentré chez lui, B... est retombé sous l'empire de conceptions délirantes et d'hallucinations qui ne lui ont presque plus laissé de répit; il a lutté pendant quelques semaines contre les suggestions de son délire; puis, une nouvelle crise de surexcitation cérébrale s'est produite, et B... a tué sa femme; le meurtre accompli, il est demeuré absolument tranquille, et s'est laissé arrêter sans résistance.

Ainsi qu'on l'observe ordinairement, B... a éprouvé comme un soulagement après avoir commis l'acte qu'il considérait comme le châtiment mérité de ses justes griefs; mais le délire a persisté, et dans la prison, il y a eu un nouvel accès de surexcitation maniaque.

B..., déclaré irresponsable, a été placé de nouveau dans un asile; j'ai eu occasion de l'y voir plusieurs fois, et à une de mes visites je l'ai trouvé très-excité et très-irrité, et on a dû prendre à son égard des mesures exceptionnelles de surveillance; il était certainement sollicité par une nouvelle impulsion à des actes de violence.

DÉBILITÉ INTELLECTUELLE CONGÉNITALE - DÉLIRE DE PERSÉCUTION - ILLUSIONS DES SENS - IDÉES DE SUICIDE - ACCÈS D'EMPORTEMENT - MEURTRE - IRRESPONSABILITÉ.

Nous, soussignés, É. Blanche et A. Motet, docteurs en médecine de la Faculté de Paris, commis le 20 novembre 1871, par ordonnance de M. Perrot de Chezelles, juge d'instruction près le tribunal de première instance du département de la Seine, à l'effet de constater l'état mental du nommé L... Antoine, âgé de 53 ans, inculpé d'assassinat commis le 7 octobre sur la personne du sieur M...; après avoir prêté serment, pris connaissance du dossier, visité le prévenu, et recueilli tous les renseignements de nature à nous éclairer, avons consigné dans le présent rapport les résultats de notre examen:

L... est un homme de 53 ans, bien constitué, qui n'a jamais présenté d'autres troubles dans sa santé que des accidents fébriles à forme intermittente, sans caractère pernicieux d'ailleurs. Son existence a été assez aventureuse. Jeune, il est allé en Californie avec M..., alors son ami, plus tard son associé; il ne fit pas aux placers une brillante fortune, mais il en revint avec une vingtaine de mille francs. Après avoir passé quelque temps dans sa famille, il se maria, revint à Paris, et s'associa avec M... pour l'exploitation d'une maison de commerce: les affaires furent assez prospères pour qu'à la fin de son contrat, L... put aller vivre à E... de ses revenus, laissant M... continuer la gestion de la maison de commerce.

Nous insistons sur ces détails; ils ont une importance sérieuse pour nous; les mobiles du crime dont L... est inculpé, doivent être recherchés jusque dans les relations qui existaient à cette époque et qui se sont maintenues depuis entre les deux associés.

Tant qu'ils vécurent l'un près de l'autre, L... et M... n'eurent pas de difficultés. La maison marchait bien, et les discussions qui pouvaient naître au sujet des affaires, étaient vite apaisées. Cependant, dès cette époque, on reconnaissait à L... un caractère méfiant, soupçonneux; comme il n'avait pas de sujet sérieux de plaintes, qu'il pouvait facilement contrôler lui-même la gestion de la maison, la tenue des livres, comme d'un autre côté il trouvait dans ses occupations au dehors une diversion assez puissante, il n'y eut jamais de scènes de violences, ni même de récriminations très-vives. Il n'en fut plus ainsi quand L... quitta la maison de commerce, laissant M... seul à la tête des affaires. Sa situation avait été nettement établie, la liquidation s'était faite régulièrement; les termes de paiement des sommes et des intérêts dus à L... avaient été convenus, rien, en un mot, n'avait été négligé, et il eût dû trouver dans l'exactitude avec laquelle ces conventions furent exécutées en 1800 et 1870 une sécurité entière. Il n'en fut rien.

Il se produisit chez lui ce qui se voit trop fréquemment chez les hommes qui passent tout à coup d'une vie laborieuse et active à une vie oisive. Il prit ombrage de tout. Il se figura que son associé ne lui rendait pas de comptes fidèles, il vécut avec cette idée, sans cesse présente à son esprit, assez inquiet pour en parler souvent à sa femme, assez maître encore de lui, dans les premiers temps, pour ne pas venir lui-même à Paris, pour y envoyer sa femme à l'époque des échéances. Peu à peu les préoccupations, de vagues qu'elles étaient, prennent une forme plus précise: «Il a entendu dire que son associé M... prétendait que lui, L..., était mort dans une maison de fous.»

Par qui a-t-il entendu tenir ce propos? «C'est un homme âgé qu'il ne connaît pas, qui doit demeurer dans un village voisin, qui est venu pour l'avertir; il a d'autres indices: M... lui a écrit une lettre à laquelle il ne comprend rien, on lui a dit d'apporter du papier timbré, qu'est-ce que cela veut dire? Ce sont des énigmes pour lui.» Jusque-là encore L... reste dans cet état d'indécision, d'incertitude, qui appartient aux périodes initiales des délires; mais il y apporte un caractère particulier qui nous semble important à signaler. Il oublie pendant de longs mois ses inquiétudes; il vit, calme en apparence, partage entre des occupations d'une extrême simplicité, il va à la pêche tous les jours, rentre paisiblement chez lui, n'a pas d'habitudes alcooliques, est, en un mot, pour tout le monde, un de ces hommes inoffensifs qui ne donnent aucun prétexte à la malignité publique de s'occuper d'eux. Et cependant, en y regardant d'un peu plus près, on trouve dans le dossier même des renseignements curieux: le brigadier du gendarmerie, le maire de la commune déclarent que L... est très faible d'esprit, que ses idées sont souvent décousues, qu'il n'a pas toujours la tête à lui, que du reste, il n'a jamais donné lieu à des plaintes, que, s'il a parfois le caractère emporté, il ne s'est livré sur personne à des violences. Le rapport ajoute qu'il parlait volontiers de ses affaires et de l'irrégularité avec laquelle M... tenait ses engagements vis-à-vis de lui.

Son départ pour Paris dans les premiers jours d'octobre ne fut pas annoncé. Sa femme était venue comme d'habitude, quelques jours auparavant, elle n'avait pas terminé le règlement des comptes.

L..., mécontent, résolut de faire lui-même le voyage, et sans laisser soupçonner qu'il eût de mauvais desseins, il s'exprima, cependant, dès ce moment, sur le compte de M... avec une vive animosité.

Arrivé à Paris, il visite quelques personnes; partout il se montre excité contre M..., on prévoit une discussion, on ne prévoyait pas cependant qu'un meurtre en serait la conséquence dernière. Le troisième jour de son arrivée, L... se présente le matin chez son associé; ne le trouvant pas, il va déjeuner; ce déjeuner n'est pour lui l'occasion d'aucun excès, et vers deux heures de l'aprèsmidi, il se présente de nouveau chez M..., qui l'attendait. Là, sans discussion, sans provocation d'aucune sorte, comme l'affirment les témoins. L... frappe M... d'un coup de couteau dans le ventre, en présence du caissier, de deux jeunes gens, employés de la maison, qui se trouvaient à quelques pas de lui dans le magasin.

Tel est l'acte sur le caractère duquel nous avons à nous prononcer. A-t-il été commis avec conscience, avec une entière liberté morale? Est-ce au contraire un acte qui ne saurait être considéré comme entraînant la responsabilité du prévenu?

C'est dans l'examen attentif de L..., dans l'observation prolongée à laquelle nous l'avons soumis, dans les réponses qu'il a faites à nos questions, dans les pièces même du dossier, que nous trouvons les éléments d'une conviction absolue, et les conclusions qui nous sont demandées. L... est détenu depuis le 7 octobre; nous le trouvons à la prison de Mazas, et dès notre première visite, nous pouvons constater combien son intelligence est peu active, combien sa mémoire est affaiblie. Il a peine à se souvenir du nombre de jours écoulés depuis son arrivée à la prison, et nos tentatives pour l'amener à faire un calcul d'une extrême simplicité n'aboutissent qu'à cette réponse: «Voyez-vous, messieurs, les chiffres, ce n'est pas mon fort.» Nous l'avons visité un grand nombre de fois, et voici le résumé de nos longues entrevues avec lui. Il nous est impossible de laisser aux discours de L... leur physionomie réelle; avec quelque soin que nous ayons cherché à les reproduire, ils sont tellement diffus, incohérents même, que rien n'est plus difficile que de les fixer, et, involontairement nous leur donnons une suite qu'ils n'ont pas, et qui ne peut manquer de les faire considérer comme moins déraisonnables qu'ils ne le sont en réalité.

Cependant, il y a, dans le courant de ces récits, qui nous transportent tout à coup de Paris jusqu'en Californie, des expressions caractéristiques, des phrases qui traduisent un état mental tout spécial, et qui ont été pour nous une nouvelle source de convictions.

D. Depuis combien de temps êtes-vous ici?

R. Je suis à la préfecture depuis le 7 octobre.

D. Combien cela fait-il de temps?

R. Je ne sais pas, un mois et quelques jours.

D. De quel mois?

R. (Avec hésitation), de décembre, non, de novembre.

D. Pourquoi avez-vous été arrêté?

R. J'ai eu des disputes avec mon associé, il m'a tendu des guet-apens, c'est à propos de nos affaires, quand je me suis retiré, il me devait de l'argent; je n'ai pas d'instruction, je ne savais pas bien faire les comptes, notre dernier inventaire n'avait pas été fait comme il faut. Ma femme a fait venir une demoiselle qui connaît très-bien la tenue des livres, elle m'a dit, mais est-ce que les créances mauvaises ou douteuses ne sont pas comptées? Je lui ai dit que si, mais je me doutais de quelque chose, parce que j'avais trouvé dans le coffre à bois du magasin une feuille de papier où il y avait une signature. On m'avait fait signer un soir, je n'avais pas fait attention, mais ce n'est pas comme cela qu'on fait un inventaire.

Moi, je suis très-bon commerçant; je faisais la place avec le cheval et la voiture. J'avais toujours mes factures prêtes, dans cette poche là, par ici l'argent, et puis dans les poches de mon pantalon; je les faisais faire en cuir, c'est plus solide. J'allais chez un client M. B..., facteur d'orgues, je lui disais: Monsieur, c'est moi j'ai de bonnes marchandises à vous offrir; et nous nous entendions sur le prix; j'achetais des peaux, du côté de la rue Montorgueil. J'arrive un jour chez M. L..., il me dit: «Est-ce que vous êtes bien avec votre associé? Mais oui, lui répondis-je, c'est un très-bon garçon.

--Ah bien! tant mieux pour vous.»

M... ne lui revenait pas; il ne connaissait pas bien la peau, il a vendu une fois pour quatre francs du maroquin qui valait dix francs.

Moi, c'était mon affaire,--par exemple je ne suis pas fort sur les chiffres, mais on ne m'attrape pas facilement, un coup d'oeil à droite, un coup d'oeil à gauche, l'oeil américain, je vois tout, et malheur à qui me tromperait, je lui ferais sortir les boyaux du ventre pour les jeter aux vautours du la Californie.

(À ces paroles, L..., qui jusque-là s'était tenu tranquillement assis près de nous, se lève, la physionomie altérée, menaçante, le bras étendu, comme s'il eût devant lui un ennemi.) Nous le laissons se calmer, et nous essayons encore de le ramener aux jours qui ont précédé le meurtre.

Il nous répond en ces termes:

«Je n'étais pas mal avec M..., c'était un vieux camarade, nous étions ensemble en Californie, c'est là que nous avons été malheureux; pas de pain à se mettre sous la dent, le blé valait 500 francs le sac, et avec cela, il fallait toujours se défier. Les Indiens étaient là qui nous guettaient, j'ai reçu une flèche ici dans la joue, mais je crois bien que j'ai démoli celui qui me l'a envoyée.»

D. Avez-vous cherché à vous en assurer?

R. Vous savez, on ne s'aventure pas; quand on en tue, on les laisse là, les bêtes les dévorent, mais quand vous tombez, vous les blancs, vous êtes sûrs d'être mangés. Une fois nous étions partis une douzaine, ils voulaient aller trop avant, moi je n'ai pas voulu, je suis revenu au placer.

D. Laissons un moment la Californie. Quand vous êtes revenu à Paris, le 5 octobre, êtes-vous allé chez M... dès votre arrivée?

B. Non, j'avais des écrevisses dans mon panier, je suis allé les porter chez Mme T..., mais il m'est arrivé en y allant une drôle d'affaire; je rencontre en face du jardin du Temple un jeune homme que je ne connaissais pas, et qui me dit: Bonjour, M. L..., vous voilà?--Oui monsieur. Vous allez bien, M. L...? Pas mal, merci. Vous allez chez M...;--et puis il se met à ricaner, et il me dit: «Eh bien, méfiez-vous, ils vont vous faire votre affaire.» «C'est drôle, que je me dis, est-ce qu'il y a un guet-apens, ouvrons l'oeil.»

À partir de ce moment, tout lui est suspect.

Dans le café où on ne l'a pas vu depuis longtemps, l'accueil d'anciennes connaissances excite sa méfiance, il est en garde contre tout le monde, et sans faire part à personne de ses soupçons, il observe; il trouve extraordinaires les choses les plus simples; cependant il n'est pas menaçant encore pour M...; il parle de lui avec une évidente animosité, mais si l'on craint une discussion un peu vive, rien ne fait prévoir la scène violente, le meurtre du 7 octobre.

Ce jour-là L... arrive vers onze heures au magasin, M... est absent; Mme M... reçoit l'ancien associé de son mari, et lui donne rendez-vous pour deux heures.

L... va déjeuner au café T..., le repas est sobre; vers une heure et demie M..., de retour à son magasin, envoie prévenir L...; ici se place un détail qui dans l'appréciation des faits nous paraît avoir la plus sérieuse importance.

L'employé de M..., par un mouvement tout naturel d'ailleurs, regarda peut-être à travers les vitres du café avant d'entrer; ce qu'il y a de certain, c'est que L... vit dans cet acte si simple, un espionnage, «ils me guettaient, nous dit-il, car je n'avais pas bu la dernière goutte de mon café que Mme T... me dit: «M. L..., on vous demande au magasin,»--et en disant cela, elle avait un air triste comme je ne lui avais jamais vu. Elle n'est pas gaie de caractère, mais jamais je ne lui avais vu une figure comme cela. Ce n'était pas naturel.

Je me lève, je prends mon chapeau, et je vais chez M... J'arrive. Il était dans le magasin,--je lui dis bonjour, il me dit, que me veux-tu?--Autrefois, s'il m'avait dit cela, comme cela, j'aurais pris mon chapeau, et je lui aurais répondu, prends le cheval et la voiture, fais la place si tu veux, moi, je m'en vais, parce que cela ne me va pas qu'on me parle comme cela.

Je lui réponds, je viens régler nos comptes, et nous passons dans le bureau. J'étais du côté de la porte du couloir; aussitôt je reçois un coup de poing là, sur le derrière de la tête, et je me sens empoigné par les deux commis, je me débats, et j'envoie à M... qui était devant moi, un coup de couteau; je ne sais pas où je l'ai attrapé.»

D. Vous aviez donc votre couteau ouvert sur vous?

R. Oui, je le portais toujours dans la poche de ma redingote.

D. Pourquoi était-il enveloppé avec du papier?

R. C'était pour ne pas me couper, et pour ne pas couper ma poche.

D. Mais on ne porte pas un couteau ouvert dans sa poche.

R. C'était pour me défendre si on m'attaquait. Je ne sortais pas sans cela, on ne peut pas savoir; il y a des communeux qui rôdent le soir, et qui vous attaque-raient très-bien.

D. Mais enfin, M... ne vous avait rien fait?

R. C'était un coup monté: je l'ai bien vu quand on est venu me chercher au café. Je ne me suis défendu qu'après le coup du guet-apens de la porte du couloir de la cuisine.

D. Avez-vous vu quoiqu'un?

R. Non. Quand je me suis retourné, je n'ai vu per-sonne, c'est un peu sombre, mais j'ai bien senti le coup de poing sur le derrière de la tête: ça m'a fait baisser. C'est terrible d'être comme cela!

À partir de ce moment, L... entre dans une phase d'excitation violente, il se frappe la tête en disant: «Il y a des moments où je n'ai plus ma tête à moi.» Il pleure; il n'exprime pas de regrets, cependant, au sujet du meur-tre qu'il a commis; au contraire, au souvenir des injures qu'il est convaincu qu'on lui a faites, de sa haine contre M..., il en arrive à un état d'extrême agitation, que nous avons beaucoup de peine à calmer, et qui nous inspire de telles craintes que L... ne se livre soit contre lui-même à quelque acte de désespoir, soit contre ses codé-tenus à des violences, qu'un mot, une plaisanterie au-raient pu provoquer, que nous nous rendons auprès du directeur de la prison pour le prévenir de l'état dans lequel nous laissons L..., et pour lui recommander de redoubler de surveillance.

Dans toutes nos visites, nous avons toujours insisté près de L... pour savoir quels étaient au juste ses griefs contre M...; nous croyons devoir reproduire encore quelques-unes de ses réponses sur ce sujet.

D. Pendant que vous étiez l'associé de M..., avez-vous eu avec lui des discussions un peu vives?

R. Je n'ai pas eu un mot avec lui pendant onze ans, nous étions très-bien ensemble.

D. Vous n'avez jamais pensé qu'il voulût vous faire du mal?

R. Non, mais depuis, cela m'est revenu: j'ai oublié de vous dire cela; je me suis rappelé qu'il y a quelques années, en 1867, je crois, M... me fit cadeau de plusieurs bouteilles d'eau-de-vie.

Un matin, avant de partir pour mon travail, j'en pris un petit verre; je ne me suis senti de rien d'abord; un quart d'heure après, voilà qu'il me pousse des sueurs, je me sens un grand malaise, et je vomis dans la rue. Je m'arrête chez un marchand de vin, où je prends un verre d'eau sucrée; j'arrive au magasin, M..., me dit: «qu'est-ce que tu as, tu es tout pâle, tu as l'air malade», j'avais un mal de tête épouvantable, puis ça s'est passé.»

D. Avez-vous cru que l'eau-de-vie était empoisonnée?

R. Sur le premier moment, je n'y ai pas pensé, mais après, j'ai eu des doutes, parce qu'il m'avait demandé ce que j'avais, d'un drôle d'air. Je me suis rappelé qu'il m'avait déjà, dit: «as-tu goûté l'eau-de-vie?» C'est depuis ce moment-là. que j'ai un peu perdu la boule--je me suis aperçu que je n'étais plus comme avant--je n'avais plus de mémoire.

D. Est-ce que vous avez remarqué chez d'autres personnes des dispositions malveillantes pour vous?

R. Il y avait l'emballeur, M. A..., qui me regardait souvent en ricanant; un jour il me dit: «vous avez beaucoup d'argent, vous?» qui vous a dit cela? «Je le sais, M. L...».

Eh bien, je lui réponds, cela ne vous regarde pas. Tout cela, ce n'était pas naturel. Il y a longtemps qu'on manigance ça.

Tel est le résumé de nos longues conversations avec L... Les indications les plus importantes que nous y ayons trouvées au point de vue de nos recherches sont confirmées par des indications semblables que nous relevons dans l'examen attentif, et fait au point de vue médical, des documents du dossier.

Voici, en effet, ce qui ressort pour nous de cet examen: c'est que L... nourrissait depuis longtemps une haine profonde contre M... Mais les motifs de cette haine sont insensés, ils sont éclos de toutes pièces, pour ainsi dire, dans une tête faible, chez un homme d'une intelligence au-dessous de la moyenne, et qui, dans une petite ville, où l'on est volontiers indulgent pour un individu aisé, passe pour un faible d'esprit, dont la conversation est nulle, les idées souvent décousues.

Calme, sans excitation d'aucune sorte, L... reste inoffensif; mais qu'à certains moments l'idée lui soit venue de se venger de M... qu'il accuse de le tromper, cela ne saurait faire doute pour nous. Cependant de la conception à l'exécution il y avait loin, et nous ne pensons pas que cette résolution ait été le motif réel du départ de L... pour Paris. Une fois en présence de M..., il s'est passé dans son esprit ce qui se passe dans l'esprit de tous les délirants persécutés: L..., après une longue période de calme apparent, de vague, d'incertitude, a été poussé au meurtre par un mot, un regard, un geste, qui, en le confirmant dans les soupçons dont il était poursuivi depuis longtemps, ont tout à coup fait éclater la détermination homicide.

Cet acte était donc préparé, et il a été accompli sous l'influence d'une surexcitation cérébrale momentanément plus intense; il peut être directement rattaché à une disposition morbide antérieure, qui est restée, peut-être à l'état latent, ne donnant lieu qu'à des manifestations dans le langage, dans le tenue, dont la cause était inconnue; et cependant ces manifestations étaient assez caractéristiques pour que, dans le pays qu'habitait L... elles aient été remarquées et lui aient valu la réputation d'un homme dont la tête était faible, d'un homme sujet à des emportements et dont les idées étaient souvent décousues.

Voici les pièces que nous croyons devoir reproduire; elles nous ont semblé n'avoir pas moins d'intérêt que les réponses même de L...

«Nous, brigadier de gendarmerie, nous sommes rendu au domicile du sieur L..., où nous avons trouvé sa femme, qui nous a fait la déclaration suivante:

«Le 5 octobre dernier, mon mari est parti pour Paris, pour tâcher de régler des comptes avec un nommé M..., son associé, lesquels nous ne pouvions depuis longtemps régler à cause du mauvais vouloir continuel dudit M..., quand, le 7 ou le 8, j'appris par les journaux le crime qu'avait commis mon mari. Je vous déclare que j'ignore complètement ce qui s'est passé et qu'au moment du départ de mon mari il n'avait contre M... aucune idée de lui faire du mal; mais il a la tête si faible que depuis longtemps je crains de sa part un suicide; il me parle souvent de se tuer.»

«Quant aux autres renseignements que nous avons pu obtenir auprès des personnes notables du pays qui connaissent le sieur L... depuis son arrivée dans la commune, on s'accorde à dire qu'il vivait d'une manière très-sobre, ne fréquentant intimement personne et n'entrant jamais dans les lieux publics, ne s'occupant que de la pêche.

«Il résulte de notre enquête, qui a été très-minutieuse, que nous n'avons pu trouver une seule personne ayant entendu L... tenir contre son associé des propos menaçants. Une seule personne n'a pas pu non plus dire si L... portait ou avait porté sur lui un couteau poignard.

«Nous connaissons L..., et depuis que nous l'avons connu, nous l'avons toujours considéré pour une tête très-faible et sujette aux égarements.

Le 1er novembre 1871, le maire d'E..., dans une lettre, dont nous reproduisons textuellement la plus grande partie, signale l'état d'exultation de L... au moment de son départ; il n'a pu toutefois obtenir l'assurance, qu'avant son départ, L... ait tenu des propos menaçants contre M...; il écrit:

«Soit par habitude, soit qu'il ait conservé ici la défiance soupçonneuse de la profession qu'il a exercée en Californie, soit par manie, L... avait continué à porter en tout temps sur lui un couteau poignard. Je n'ai encore pu savoir s'il était porteur de cette arme en partant le 5 octobre. D'un autre côté, je n'ai que de bons renseignements à vous fournir sur la tenue de L... dans la commune, et sur ses relations avec les habitants..., sa probité, ses moeurs, ont toujours été irréprochables, les garanties offertes par sa famille, composée de sa femme et d'une jeune fille de 12 ans, n'ont jusqu'à présent rien laissé à désirer. L... n'était ici intimement lié avec personne, peut-être à cause du peu de fonds de son caractère; assez communicatif pourtant, il confiait facilement ses affaires, et il a conservé de nombreuses sympathies dans le village. Il a décelé en plusieurs circonstances un tempérament irascible, attribué à son séjour en Californie, et surtout à une faiblesse intellectuelle qu'on a pu constater en maintes circonstances. L... ne fréquentait jamais les établissements publics, et il n'a non plus montré en aucune occasion une violence de caractère qui ait pu inspirer des craintes à qui que ce fût.

«L... est connu dans le pays, comme ayant une intelligence étroite et peu entendue. Ses voisins ont pu remarquer fréquemment chez lui des moments d'égarement dans lesquels il perdait le fil de ses idées.»

L... était donc pour les gens au milieu desquels il vivait, qui ne savaient à quoi rapporter les bizarreries de son caractère, les emportements subits auxquels il se livrait, et qui ne les pouvaient juger qu'avec leur simple bon sens, L..., disons-nous, était un faible d'esprit: mais pour nous, il était, de plus, tourmenté par des idées de persécution.

Ces conceptions délirantes se sont développées peu à peu, elles se sont imposées et ont fini par dominer L... complètement. Qu'on ne s'étonne pas de n'y retrouver ni la cohésion, ni la systématisation rigoureuse de la plupart des aliénés persécutés; la condition intellectuelle de L... est trop restreinte pour qu'il lui soit possible de s'élever à une combinaison compliquée; il n'a pas longtemps guetté sa victime, et s'il est impossible d'écarter toute préméditation, il est au moins permis de faire ressortir toute l'insanité des motifs d'un meurtre, accompli en plein jour, devant des témoins, lesquels, tout émus encore de ce qui s'est passé sous leurs yeux, ne peuvent s'empêcher de remarquer et de trouver étrange le calme du meurtrier.

Cette attitude, d'ailleurs, sans forfanterie, sans cynisme, ne s'est pas démentie un seul jour dans la prison, et les surveillants de Mazas qui n'ont pu nous donner aucun renseignement au sujet des conceptions délirantes de L...., n'hésitent pas pourtant à le considérer «comme un homme qui n'a pas sa tête à lui».

Il vit insouciant, souvent gai, accomplissant avec une satisfaction puérile une besogne d'une extrême simplicité et qui n'exige que de l'agilité dans les doigts; il n'est pas malheureux, «il a du gaz toute la nuit, suffisamment à manger; il travaille pour se distraire, il ne demande rien de plus;» quant à sa liberté, il n'en est pas trop privé, nous dit-il: «en Californie, il fallait toujours être sur le qui-vive, on n'était pas si tranquille qu'ici.»

Aux nombreuses visites que nous lui avons faites, que notre observation ait été directe, ou qu'elle ait porté sur lui, sans qu'il s'en doutât, nous l'avons toujours trouvé le même, inconscient et de la valeur morale de l'acte qu'il a commis, et de sa situation présente.

De tout ce qui précède, nous concluons que:

1° L... (Antoine), âgé de 53 ans, est un homme d'une intelligence originellement faible; d'un caractère méfiant et soupçonneux.

2° Les prédispositions délirantes ont pu rester latentes au milieu d'une vie aventureuse, mais toujours occupée, pendant laquelle le souci des affaires, l'activité qu'exigeait une clientèle nombreuse, apportaient une diversion puissante aux préoccupations maladives. Sous l'influence du passage d'une vie de travail à une vie de loisir, L... s'est trouvé tout entier livré à ses réflexions; les retournant sans cesse dans son esprit, il est arrivé peu à peu à un état de véritable obsession.

Ses méfiances, ses soupçons, d'abord mal déterminés, se sont traduits ensuite par des bizarreries, des tristesses, des emportements, puis encore, par la croyance absolue à des complots contre sa fortune, contre sa sécurité personnelle.

Ces conceptions délirantes ont présenté tous les caractères scientifiquement reconnus du délire de persécution; elles ont abouti enfin à une exaltation violente, elles ont amené L... à un état de trouble mental tel, que toute résistance aux impulsions morbides est devenue impossible.

3° Au moment où il a commis le meurtre dont il est inculpé, L... avait perdu toute conscience de la valeur de ses actes, toute liberté morale, et, conséquemment, on n'en saurait faire peser sur lui la responsabilité.

4° L... est un aliéné des plus dangereux.

Nous pensons que, dans l'intérêt de l'ordre public et de la sécurité des personnes, il est nécessaire de le placer et de le maintenir dans un établissement spécialement consacré aux aliénés.

En foi de quoi nous avons rédigé le présent rapport pour valoir ce que de droit.

Paris, le 25 décembre 1871.

Signé: A. MOTET, É. BLANCHE.

Il m'a semblé utile de reproduire en entier ce rapport, afin que l'on pût bien suivre toutes les phases par lesquelles L... a passé avant la crise qui a abouti au meurtre.

D'une intelligence faible, d'un tempérament nerveux, L... avait conservé de son séjour en Californie et des aventures émouvantes dans lesquelles il avait été, soit acteur, soit témoin, une tendance très-prononcée au soupçon, à la défiance, en même temps qu'une grande disposition à la violence et aux idées de vengeance.

Pendant qu'il fut absorbé par les affaires, L... ne manifesta ces penchants que par de l'irritabilité et un état habituel de surveillance sournoise à l'égard de son associé. Après avoir quitté la maison de commerce, livré à une oisiveté complète, L... n'ayant plus le contre-poids des soucis du commerce, fut progressivement dominé et enfin envahi par ses pensées de méfiance; il en arriva à la conviction que M... l'avait trompé et l'avait lésé dans ses intérêts. Il en conçut d'abord du chagrin, puis un ressentiment de plus en plus vif, et les conceptions délirantes, qui n'avaient été jadis que fugitives et légères, s'emparèrent complètement de son esprit; il lutta encore cependant, et s'en remit à sa femme du soin de faire valoir ses réclamations. N'obtenant pas la satisfaction à laquelle il croyait avoir des droits, il se décide à venir lui-même l'exiger. Arrivé à Paris, il hésite encore; il ne se rend pas tout de suite chez M...; il fait des visites; il rencontre des gens de connaissance avec lesquels il cause; il s'informe indirectement, et il interprète dans le sens de sa préoccupation les paroles et les faits les plus simples et les plus naturels.

Enfin, la crise éclate, et, sous l'influence immédiate d'illusions des sens et de conceptions délirantes, L... entre chez M..., et presqu'aussitôt le frappe, sans qu'il n'y ait eu entre eux que l'échange de quelques mois de politesse banale.

Le meurtre accompli, L... redevient calme. À Mazas, où nous l'avons visité souvent, L... est insouciant, presque gai; il ne se trouve pas malheureux; il ne semble avoir aucune conscience ni de la gravité de l'acte qu'il a commis, ni de sa situation.

Il a toutefois des accès d'excitation, et une fois, devant nous, il a eu une véritable crise d'agitation furieuse au souvenir des mauvais traitements dont il prétend avoir été l'objet, et nous avons dû recommander des mesures exceptionnelles de surveillance.

L... a été déclaré par le jury irresponsable, et placé dans une Maison d'aliénés.

DÉLIRE DE PERSÉCUTION
AVEC ACCÈS IMPULSIFS.

M. A... est fils d'une mère aliénée, et son frère est mort aliéné dans une maison de santé spéciale. Dès son enfance, il s'est montré sombre, taciturne, soupçonneux, irritable, violent. Un jour, dans un accès d'emportement dont il n'a pas voulu dire le motif, il tire un coup de fusil sur son père, qui est légèrement blessé; il en témoigne sur le moment quelque repentir, mais son humeur redevient bientôt la même. Sa famille habitait la province; il demande à venir demeurer à Paris; on le lui accorde, et on l'y installe largement, avec tout le luxe qu'autorise une grande fortune; il reçoit autant d'argent qu'il en désire, mais, malgré de sages remontrances, il le gaspille au lieu de payer le propriétaire, les fournisseurs et les domestiques. Dans une conversation sur ce sujet avec un de ses amis, il se précipite sur lui et le menace de le jeter par la fenêtre si celui-ci continue à le vexer. Un jour, un huissier se présente accompagné d'un commissaire de police; il s'arme de son fusil, et, les couchant en joue, leur ordonne de se retirer.

Son père, averti, se hâte d'accourir, et M. A... lui déclare qu'il est fatigué des plaisanteries dont les Parisiens l'accablent, qu'il ne peut vivre ainsi, qu'on l'empêche de garder ses domestiques, que l'on rend ses chevaux malades, que l'on brise les essieux de ses voitures, que dans les rues on lui fait des grimaces, qu'il a été déjà plusieurs fois sur le point de souffleter les impertinents qui rient en le regardant, et qu'il est décidé à ne plus supporter ces ennuis.

Placé dans une maison de santé, peu de jours après son entrée, il saute un matin, par la fenêtre, non pour se tuer, mais pour échapper aux visions qu'on fait passer devant ses yeux et aux mauvaises odeurs avec lesquelles on cherche à l'asphyxier. Un peu plus tard, il se plaint qu'on lui serve à ses repas de la viande d'animaux féroces et de la chair humaine; mais, malgré ses griefs, il ne se livre à aucune violence, ni sur les médecins de la maison, ni sur les serviteurs. Seulement il veut qu'on le change de maison et qu'on le place dans celle où son frère est mort, ce qui a lieu. M. A... se montre d'abord content de son changement de résidence; calme, de bonne humeur, il s'occupe, il dessine, mais il redevient bientôt sombre, taciturne; ses yeux sont menaçants, et il annonce sa résolution de tuer le médecin dont il avait réclamé les soins, auquel il avait presque témoigné de l'affection, et à qui il reproche maintenant de vouloir l'empoisonner, comme il a déjà empoisonné son frère. Ces accès d'emportement se renouvellent à des époques plus ou moins éloignées. Déjà plusieurs fois M. A... s'est précipité pour frapper; retenu par les gardiens, il a exprimé le chagrin d'avoir manqué son coup, se promettant d'être plus adroit une autre fois. Dans les intervalles des accès, il est très-paisible, et il reprend sa physionomie souriante et douce.

M. A... est un type d'aliéné persécuté à accès impulsifs. Chez lui, pas d'interruption dans les conceptions délirantes et dans les hallucinations, et malgré cette continuité de trouble mental, il est le plus habituellement calme, doux, aimable, affable même, et on pourrait le considérer comme étant absolument inoffensif. Sans aucun motif extérieur appréciable, sans qu'on ait eu à lui imposer un refus, une contrariété, sans discussion préalable, il change de physionomie, devient menaçant, et serait capable des plus extrêmes violences. Après une crise de quelques jours, M. A... retombe dans l'inertie, jusqu'à ce qu'il éprouve une autre commotion cérébrale qui détermine les mêmes symptômes de surexcitation transitoire.

LYPÉMANIE -DÉLIRE DE PERSÉCUTION - ILLUSIONS DES SENS -ACCÈS DE VIOLENCE - ABUS ALCOOLIQUES - ALCOOLISME -HALLUCINATIONS - MEURTRE - IRRESPONSABILITÉ.

Commis par ordonnance de M. Blanquart des Salines, juge d'instruction près le tribunal de la Seine, en date du 3 décembre 1877, à l'effet d'examiner, au point de vue de l'état mental, le nommé D..., inculpé d'assassinat sur la personne de sa femme, et de dire s'il paraît jouir de ses facultés, et s'il doit être réputé responsable de l'acte qui lui est reproché, nous, soussignés, docteurs en médecine de la Faculté de Paris, après avoir prêté serment, avoir pris connaissance des pièces du dossier, et avoir fait plusieurs longues visites à l'inculpé dans la prison de Mazas, avons consigné le résultat de nos investigations et de notre examen dans le présent rapport:

D..., né à R..., marié à Euphrasie L..., père d'un enfant, pâtissier, demeurant à Boulogne-sur-Seine, est un homme de taille élevée, d'une constitution vigoureuse, qui n'offre aucun signe de malformation congénitale, et qui paraît avoir toujours été d'une bonne santé, sauf qu'il était sujet à de violents maux de tête. Nous n'avons rien trouvé qui fût à noter dans ses antécédents héréditaires, si ce n'est qu'il est le fils d'un père qui était déjà assez avancé en âge à l'époque où il est né, mais aucun de ses parents ne semble avoir été atteint d'affections cérébrales. L'expression de sa physionomie est sérieuse, réfléchie, et annonce un caractère triste et concentré. Il parle avec lenteur et précision; on voit qu'il tient à dire exactement ce qu'il pense, et qu'il ne veut rien avancer dont il ne soit certain. S'il s'aperçoit qu'on ne l'a pas bien compris, ou qu'il l'a été au delà de sa pensée, il rectifie avec un soin qui témoigne de son désir de ne dire que ce qu'il considère comme étant la vérité.

Les renseignements recueillis sur son compte jusqu'en 1876 sont favorables, et il avait la réputation d'un bon travailleur, économe, et d'habitudes sobres. Quoi qu'il en soit, il n'a jamais prospéré dans ses affaires, et en a ressenti un grand chagrin. Bien que sa femme eût une conduite irréprochable et lui donnât toute l'aide dont elle était capable, il eut toujours une tendance à lui attribuer son peu de succès dans ses entreprises. Irrité de perdre de l'argent, alors que par son travail il pouvait espérer en gagner, dominé par la passion de l'avarice, il a toujours rejeté la responsabilité de ses contrariétés sur sa femme, avec injustice, et avec une violence parfois terrible, comme à l'époque où elle devint grosse de son second enfant; en effet, redoutant le surcroît de dépenses qui résulterait de la naissance de cet enfant, il prétendit qu'il n'en était pas le père, et lança un coup de pied dans le ventre de sa femme, espérant sans doute la faire avorter.

Son irritation se révélait d'ailleurs en toutes choses. Dès les premiers temps de son mariage, il s'emportait sans motif plausible contre sa femme, et la frappait, ou, se livrant à des colères furieuses, il brisait les objets qu'il avait sous la main. Il n'avait pas d'amis, vivait comme un sauvage, dit un des témoins; pendant le siège de Paris, il faisait son service de garde national, sans jamais causer avec ses camarades, ne buvant pas, prenant ses repas seul, et paraissant toujours plongé dans de sombres réflexions.

Après plusieurs tentatives infructueuses, las de réaliser des pertes au lieu de bénéfices, il vendit son fonds, et se mit à travailler de son métier chez les autres, tandis que sa femme faisait de la broderie, lorsqu'au mois de mars 1875, sur le conseil d'un blanchisseur de Boulogne, il se décida à louer une boutique, route de la Reine, et y ouvrit une pâtisserie. Là, les choses n'allèrent pas beaucoup mieux qu'à Paris; malgré beaucoup d'activité et de travail, les époux D..., s'ils ne perdaient pas d'argent, ne gagnaient pas assez pour faire des économies. Aussi D... était-il toujours d'humeur sombre et chagrine et maltraitait-il de plus en plus sa femme.

Celle-ci ne se plaignit pas et supporta avec résignation tous les mauvais traitements dont elle était victime. On peut croire qu'elle avait reconnu que son mari avait la raison souvent troublée, que, peut-être même, elle s'était aperçue qu'il buvait, car il résulte de la déposition d'un apprenti de D..., que celui-ci faisait acheter de l'absinthe, en prenant toutes sortes de précautions pour qu'on ne le sût pas, et qu'il en absorbait de grandes quantités. Mais, par affection pour son mari, elle ne voulait pas faire de révélations auxquelles on aurait pu ne pas ajouter foi, et qui n'auraient apporté aucun soulagement à sa détresse.

Toutefois, les scènes se multipliaient; non seulement D... frappait sa femme, mais il l'accablait des soupçons les plus injurieux, et la malheureuse, poussée plus encore par l'humiliation des reproches de son mari au sujet de sa prétendue légèreté de conduite, que par la terreur de ses menaces et de ses violences, fit enfin quelques confidences à la concierge de la maison et à une parente qui l'avait élevée, qui l'avait mariée, qui était comme une mère pour elle, et que D... avait suppliée de venir demeurer près d'eux, à Boulogne, sans doute avec la pensée qu'elle l'aiderait à surveiller sa femme; mais malgré toute leur bonne volonté, la concierge et la parente ne purent lui être d'aucun secours, et ce n'est qu'après l'événement, que l'on a su par elles le long martyre de la femme D...

Si la vie commune n'avait jamais cessé d'être très-pénible pour la femme D..., la situation devint plus douloureuse dans le courant de l'année 1877, par la jalousie insensée dont son mari fut, dès lors, incessamment dominé. Nous disons insensée, parce que les témoignages sont unanimes sur la parfaite honnêteté et la tenue irréprochable de sa femme; néanmoins, les démarches les plus simples, les courses les plus nécessaires, les paroles les plus innocentes, devenaient l'occasion d'outrages et de voies de fait. Un jour, la parente, toute émue de qu'elle apprenait de l'attitude et du langage de D..., vint lui en faire des observations; celui-ci lui répondit qu'il allait lui placer sous les yeux la preuve de la mauvaise conduite de sa femme, et allant chercher des torchons sales qu'il avait mis de coté, il les lui montra, en lui disant: tenez, voyez! et ce qu'il montrait, c'était des graines et des pellicules de tomates: on s'était servi des torchons pour écraser des tomates. Ils ne purent s'empêcher de rire, et D... embrassa sa femme; mais il revint bientôt à son idée fixe. Depuis plus de deux mois il ne dormait plus; il se plaignait de grandes douleurs de tête; il était toujours agité; il voyait dans chaque homme du pays un amant de sa femme. Un jour, il engagea un de ses voisins à se promener avec lui, l'emmena sur le bord de la Seine, voulut l'y retenir jusqu'à la nuit, et c'était certainement avec l'intention de le jeter à l'eau. Il suppliait sa femme de lui avouer ses intrigues, affectant d'avoir reçu des avis sur ses rendez-vous, sur les rencontres qu'elle faisait, comme par hasard, dans ses courses; puis, il confessait que personne ne lui en avait dit un mot, que tout était de son invention; il lui demandait pardon, la couvrait de caresses, et le lendemain il redoublait d'injures et de colère; il emportait les chemises de sa femme pour les montrer à des médecins, qui y constateraient les signes de ses infidélités.

À ces idées de folle jalousie, vinrent bientôt s'ajouter des idées d'empoisonnement: il était un obstacle aux mauvaises passions de sa femme, et naturellement, elle voulait se débarrasser de lui; il l'en accusa d'abord directement elle-même, puis il alla le déclarer au commissaire de police. Dans le courant de novembre 1877, il dit au docteur que sa femme voulait l'empoisonner, et, quelques jours plus tard, ayant pris des pilules et quelques cuillerées d'une potion qui lui avaient été prescrites, il s'imagina que le médecin était d'accord avec sa femme, et que les médicaments qu'il lui avait donnés étaient du poison; il s'adressa alors à un autre médecin, auquel il fit le même tableau de ses malheurs et des tentatives d'empoisonnement dont il était l'objet.

D... n'avait plus un seul instant de repos; obsédé par les soupçons et les inquiétudes, il était en outre souvent dans un état de surexcitation produite par les excès d'absinthe auxquels il se livrait. Nous savons déjà par un témoin qu'il en buvait d'une façon immodérée; il nous a avoué que dans les mois d'octobre et de novembre, il en avait pris beaucoup plus encore; il l'avalait pure, et il en absorbait environ un tiers de litre par jour. Autrefois, nous dit-il, je n'y avais presque jamais touché, mais depuis tous mes ennuis, il est vrai que j'en ai beaucoup bu.

D... craignait également que sa femme voulût le quitter, en emmenant sa fille, et il se rendit à Montreuil, où cette enfant était en pension, pour défendre qu'on la remît à sa mère.

Ne trouvant aucun appui, ni aucun soulagement auprès de toutes les personnes auxquelles il racontait ses souffrances morales et physiques, D... résolut d'en faire part à sa mère, qui habite R...; le 21 novembre, il partit donc de chez lui, sans dire à sa femme où il allait; celle-ci ne le voyant pas rentrer le soir, en fut même très-inquiète, et pria un de ses voisins d'aller à sa recherche, laissant percer dans son langage ses préoccupations sur l'état d'esprit de son mari, et exprimant la crainte qu'il n'eût été arrêté, ou qu'il lui fût arrivé un accident.

Il était allé à R... D'abord, ne voulant pas affliger sa mère, il ne lui dit rien, mais pressé de questions sur le but de son voyage inattendu et inexplicable, il finit par lui faire la confidence de ses malheurs.

Nous allons maintenant reproduire textuellement le récit qu'il nous a fait à notre première visite:

«Dans mon voyage, il y a eu une chose extraordinaire; j'ai couché chez ma mère, je suis reparti le jeudi matin, et je suis arrivé à Compiègne de bonne heure. Je suis entré chez un cafetier, j'ai pris un petit verre, et je suis allé me promener jusqu'au pont, en attendant le train. Je vois une personne qui me regardait, je ne la reconnaissais pas, elle vient à moi et me dit: c'est vous, mon oncle! C'était, en effet, ma nièce; elle m'invite à déjeuner; je n'ai pas accepté; ça m'étonnait; j'ai trouvé que c'était un peu hardi de la part d'une nièce; elle m'offre le café; je ne voulus pas refuser; elle revint avec moi et m'emmena chez le cafetier où j'avais été le matin. Elle se fit servir du café; moi, je n'en voulais pas; j'ai dit que j'aimais mieux la bière; on m'apporta un verre de bière; j'en ai bu le tiers à peu près. On sonne pour le départ du train; elle me dit qu'elle va payer, que je finisse vite mon verre. Je me dépêche; je monte en wagon, j'étais gai, bien portant. Il n'y avait pas un quart d'heure que nous marchions, que le mal de tête me prend: plus de gaieté, un grand malaise. À Creil, voilà un éraillement sur la colonne vertébrale; je n'en pense pas plus long. En arrivant à Paris, voilà le coeur qui me bat; je me dis: c'est drôle, je n'ai pris qu'un verre de bière avec ma nièce, et en y réfléchissant, je me rappelle qu'il y avait des graines qui sautaient dans la bière; c'est ça, que je me suis dit: c'est donc que ma femme lui aurait écrit de me donner quelque chose qui me fasse mal. Je reviens à pied rue des Abbesses, à Montmartre, j'entre dans une crémerie, je bois une tasse de lait; un peu plus loin, j'en reprends une autre; je me suis trouvé mieux; ça a lavé soit la poudre, soit l'estomac; un peu plus tard, je reprends une troisième tasse de lait. Je monte dans l'omnibus et j'arrive au Point du Jour, où je descends; je prends une quatrième tasse de lait, et je rentre à pied chez nous. Quand j'arrive, ma femme me dit: On ne m'embrasse pas! tout en me regardant fixement. C'est à toi de venir, que je lui dis. Alors, elle est venue, il n'en a été que ça. Pour savoir si elle avait écrit à sa nièce, je lui dis: j'ai vu le facteur à Compiègne; il m'a dit qu'il avait porté une lettre à la tante Lisa; tu lui as donc écrit. Ah! mais non, qu'elle me répond, c'est à ta mère que j'ai écrit; je lui ai dit qu'elle vienne tout de suite, parce que tu es très-malade. Ça m'étonne que tu aies écrit cela. Tu as écrit à ta nièce? Mais non. C'était le jeudi. Le soir, je suis allé chez le commissaire; il n'y était pas; il y avait un employé; j'espérais qu'il écrirait mieux la SOLUTION que l'autre jour; il me dit de revenir le lendemain.»

(À ce moment D..., qui parle du ton le plus paisible et le plus naturel, cherche son mouchoir dans sa poche; ne le trouvant pas, il se lève, nous quitte, va dans sa cellule, revient, se rassied et reprend son récit.)

«En rentrant de chez le commissaire, je prends encore du lait chez nous; je me fais un lavement; je ne me suis pas couché, je me suis soigné toute la nuit; je comptais écrire à ma mère ce qui s'était passé à Compiègne. À dix heures du soir, j'entends rôder devant la boutique; j'ai reconnu le pas d'un monsieur qui allait avec ma femme; il savait sans doute cet empoisonnement, il était là pour la protéger, si j'avais des raisons avec elle. Ma femme se couche dans la chambre à côté; elle veut fermer sa porte, moi je ne veux pas; l'autre était toujours là à rôder, ça m'ennuyait. J'ai dit au petit apprenti: va donc avertir le commissaire de police, et dis-lui d'envoyer deux agents; je croyais qu'il y avait dans la rue des individus armés de revolvers pour me tuer, et je me suis enfermé dans la boutique. Je voulais qu'on arrêtât ces individus, ainsi que ma femme.

«À cinq heures et demie du matin, je sors pour aller chercher du lait. Je rencontre le laitier et je lui dis que ma femme se conduisait mal, qu'elle voulait m'empoisonner. Il me répond: c'est à peu près comme ça avec toutes les femmes, quand elles voient que ça ne convient pas à leur mari. Je m'en vais à une crémerie, elle n'était pas ouverte; je vois un petit marchand de vins qui ouvrait sa boutique; je lui demande s'il connaissait un hôtel, je fuyais la maison, j'avais peur que l'individu que j'avais entendu rôder vienne m'attaquer. Le marchand de vins m'indique un petit hôtel; j'y vais, je demande un cabinet et une seringue; le maître de l'hôtel a été assez bon pour me donner ce que je lui demandais; j'ai pris un lavement; j'ai gardé dans un vase et dans une assiette l'urine et les matières que j'avais rendues; je suis resté là jusqu'à dix heures et demie; je suis sorti pour aller chez le commissaire: je l'ai trouvé, je lui ai dit que ma femme avait voulu m'empoisonner, il m'a donné une lettre pour qu'elle vienne quand elle voudrait. Je suis retourné à l'hôtel, où je me suis encore reposé; je suis rentré chez moi à midi. Je me suis mis dans la salle à manger; j'ai repris des lavements; le corps se resserrait; c'était vraiment servi; c'était la troisième fois qu'elle m'empoisonnait: la première fois ça avait été avec un morceau de porc que je n'avais pas voulu manger; une seconde fois en me faisant prendre des pilules et une potion; cette troisième fois, en faisant jeter du poison dans le verre de bière que j'avais pris à Compiègne. Je souffrais beaucoup; j'ai renvoyé mon petit apprenti me chercher quatre litres de lait et de la farine de graines de lin; quand il revint, je fis un cataplasme que je me mis sur le ventre; je me couchai. J'avais donné des ordres au petit, et je lui avais dit de ne pas me déranger. Alors, j'ai écrit une lettre à mon beau-frère; on peut bien voir dans cette lettre que je ne pensais pas, à ce moment, à tuer ma femme, vers cinq heures et demie, elle est entrée et m'a dit: je vais à Vincennes. Comme nous n'y avons ni parents, ni amis, j'ai pensé qu'elle allait encore faire mal, ou qu'elle ne voulait pas être témoin de ma mort qu'elle savait être prochaine. Ça m'a fait un tel effet que je me suis précipité sur elle, je l'ai frappée à coups de poings, elle est tombée, puis j'ai pris, sur le lavabo, un rasoir qui se trouvait là, j'ai saisi ma femme par le col, et j'ai coupé. L'individu qui était chez le concierge est arrivé tout de suite; j'ai envoyé le petit me chercher du tabac, et lorsque les gendarmes sont venus, je fumais ma pipe, et après avoir répondu aux questions du commissaire, je me suis étendu sur un matelas, et je me suis endormi. J'ai dit au commissaire que je ne regrettais pas ce que j'avais fait, que je le ferais encore, si c'était à recommencer, que j'aurais dû le faire six mois plus tôt. C'étaient les douleurs que je ressentais au coeur, à la tête, aux reins et au ventre qui me faisaient croire qu'elle avait cherché à m'empoisonner. Il y avait deux rasoirs sur la table: j'ai montré celui dont je m'étais servi. On a trouvé un revolver chargé; j'ai dit que c'était pour la tuer si je l'avais surprise en flagrant délit, ayant la conviction qu'elle me trompait toujours; il y avait longtemps qu'on le disait. Quand nous sommes venus nous établir à Boulogne, le charcutier avait dit aux voisins, ce n'est pas D... qu'il doit s'appeler, c'est cocu. À ce moment là, je n'ai pas fait attention, je pensais que c'était peut-être de la jalousie, parce qu'il avait idée que nous lui ferions du tort. Le lendemain, chez le commissaire, comme j'ai vu que je n'étais pas empoisonné, et que j'allais beaucoup mieux, j'ai dit que je regrettais de l'avoir tuée.

«Je ne suis pas d'un mauvais caractère; je n'ai jamais eu de raisons avec personne; je n'ai jamais fait une heure de poste: avec ma femme, quand nous avions quelque chose ensemble, c'était moi qui revenais le premier; au bout d'une heure, je n'y pensais plus.»

Pendant ce récit D... ne s'est pas animé un instant; il l'a débité avec l'accent de la sincérité, sans aucune passion, ne paraissant préoccupé que du désir d'être exact, et de prouver que ses convictions étaient fondées sur des faits positifs, s'attachant aux plus petits détails, avec cette précision de mémoire que l'on rencontre chez les aliénés dont l'esprit est dominé par un nombre restreint de conceptions délirantes, cherchant à expliquer ce qu'il avait fait, mais non à s'en disculper, finissant seulement par dire qu'il regrettait d'avoir cédé à un mouvement de fureur, mais ne témoignant pas du moindre doute ni de la moindre hésitation sur la vérité absolue de tout ce qu'il avait dit.

Nous lui demandons alors comment il se porte depuis qu'il est en prison. «Ça ne va pas bien, nous dit-il; je ne sais pas ce qu'il y a dans ce que je mange et ce que je bois, mais ça me donne des constipations; je voudrais prendre des lavements, mais je ne peux pas les avoir comme je les désirerais.»

Les gardiens nous disent que D... est très méfiant et très-inquiet, qu'il croit qu'on veut l'empoisonner, qu'il voudrait toujours s'administrer des remèdes, prétendant qu'il ne peut pas aller à la garde-robe, qu'il refuse les aliments qu'on lui apporte, qu'il ne veut manger que des pommes, et qu'il se plaint sans cesse de tout.

Quelques jours plus tard, nous le revoyons; il a la même attitude triste et sombre; il parle du même ton paisible; il nous dit cette fois qu'il y a certainement quelque chose de pas bon dans le tabac qu'il fume, que ce tabac lui donne des maux de tête; nous lui faisons remarquer qu'on lui apporte les paquets tels que la régie les livre, fermés et scellés; «il n'y a pas à discuter, reprend-il, c'est comme on voudra, mais je n'en ai pas moins mal à la tête quand j'ai fumé, et ce n'est pas naturel; c'est comme mes entrailles, on peut me dire ce qu'on voudra, mais, moi, je sens bien ce que je sens; je sens bien que mes boyaux sont collés; j'ai beau prendre des lavements, je ne peux rien faire; expliquez ça.»

À notre troisième visite, nous apprenons que depuis trois jour D... paraissait plus tourmenté, plus irascible, qu'il ne dormait pas, qu'il marchait dans sa cellule pendant toute la nuit, et que le matin même, il avait grièvement blessé un de ses codétenus, en le frappant violemment sur la tête avec une bouteille, et alors que cet homme dormait, et sans qu'il y ait eu de discussion, ni de provocation.

Nous le trouvons dans le préau, marchant la tête baissée, et comme plongé dans des réflexions pénibles; quand nous lui demandons pourquoi il a frappé son camarade, il nous répond: «Il me taquinait, il me reprochait de l'empêcher de dormir la nuit, en marchant dans la cellule.» Puis, il ajoute: «Il était d'accord avec les gardiens pour me tuer, il me l'avait dit, sans me le dire précisément.»

D... ne s'excite pas en nous parlant; il dit bien quelques mots de pitié sur l'homme qu'il a blessé, mais il est manifeste qu'il croit avoir accompli un acte de juste vengeance.

À notre visite suivante, D... avait la camisole de force, et nous sommes informés qu'il avait caché dans son lit le couvercle du siège des commodités, morceau de bois très-lourd, avec lequel il avait certainement le projet d'exercer quelque nouvelle vengeance; il avait d'ailleurs menacé de tuer le premier gardien qui lui adresserait la parole.

Quand nous l'abordons, il nous fait un accueil qui dénote une vive irritation; il récrimine amèrement contre les mauvais traitements dont il est l'objet: «Pourquoi ne me juge-t-on pas? Eh bien! oui, je l'ai tuée; si je suis coupable, qu'on me condamne, mais pourquoi vouloir m'ouvrir le ventre? Je sais bien que c'est pour ce soir; j'ai entendu aujourd'hui le directeur qui le disait; les gardiens chuchotaient entre eux, quand ils passaient devant ma cellule; je sais bien ce qu'ils disent; d'ailleurs, dimanche j'ai bien vu leurs épées qui étaient derrière la porte; qu'on en finisse donc!» Ce jour-là, les craintes d'empoisonnement ne semblent plus le préoccuper; il ne nous dit plus que le tabac lui fait mal à la tête, que les aliments lui collent les intestins; il ne pense plus qu'au supplice qu'il doit subir le soir, et nous le quittons sans avoir réussi à le rassurer.

Ce long exposé était nécessaire pour bien faire connaître D...; nous allons maintenant l'analyser pour en déduire ensuite nos conclusions.

D... a toujours été d'un caractère triste et peu expansif; dès sa jeunesse, il songeait à gagner de l'argent et à en amasser; il travaillait beaucoup et dépensait le moins possible; un témoin a dit qu'il était le bourreau de son corps. Malgré son ardeur au travail, et sa stricte économie, il n'a pas fait fortune, il vivait avec peine, et presque jamais il n'a recueilli de résultats de ses efforts. Une seule fois il a réalisé quelques bénéfices; c'est pendant qu'il exploitait, sans sa femme, un petit commerce de pâtisserie, dans lequel il n'était aidé que par une servante. Ce fait, qui était assurément de pur hasard, l'a confirmé dans l'opinion qu'il semble avoir eue dès le commencement de son mariage, que sa femme n'était pas aussi économe qu'elle aurait dû l'être. Il n'avait pas attendu jusque là pour lui marquer son mécontentement par ses reproches et ses violences; mais après, il se montra encore plus irrité et plus injuste. Déjà cependant, à l'époque où elle était grosse pour la seconde fois, il lui avait laissé entendre qu'il n'était peut-être pas le père de l'enfant qu'elle portait; il témoignait ainsi de ses sentiments de jalousie insensée, et de son ennui du surcroît de dépenses qu'entraînerait un second enfant; c'est ici que nous trouvons la première manifestation de conceptions délirantes, engendrées par des préoccupations d'avarice, poussées jusqu'à l'obsession.

Pendant quelques années, D... se maintient sans se montrer ni plus déraisonnable, ni plus violent, mais ayant toujours au fond de son coeur et dans son esprit les mêmes ressentiments et les mêmes convictions erronées. Le ménage vient s'établir à Boulogne, les choses vont d'abord assez bien, mais bientôt, au contraire, la situation s'aggrave; D... se montre plus sombre, plus méfiant, il se met à boire de l'absinthe, et il en arrive à un état presque constant de surexcitation et de colère; il perd le sommeil, n'a presque plus d'empire sur lui-même, et n'est plus maître de contenir l'expression des inquiétudes et des frayeurs qui l'obsèdent; il accable sa femme des reproches les plus outrageants; il l'accuse de le tromper, il le proclame, il va se plaindre à l'autorité, il colporte les prétendues preuves de son déshonneur, et enfin, apparaissent les idées d'empoisonnement. Un jour, on lui sert un morceau de porc, qui n'était peut-être pas très-frais; il y trouve un goût particulier; il ne le mange pas; sa femme jette l'os aux ordures dans la rue; la pensée lui vient que si elle n'a pas gardé cet os pour le vendre avec les autres, c'est qu'elle a voulu se défaire d'une pièce à conviction.

Sa femme, inquiète des maux de tête de son mari, de ses insomnies, de ses malaises, appelle un médecin; celui-ci prescrit des pilules et une potion; D... se trouve plus souffrant après avoir pris les pilules et la potion, il en conclut que le médecin est de complicité avec sa femme pour l'empoisonner.

Ne voyant autour de lui que des ennemis, ne trouvant d'assistance auprès de personne, D... pense à s'adresser à sa mère, et, sans en rien dire, il se rend auprès d'elle, et lui raconte ses malheurs. La mère accueille, probablement avec incrédulité, ses confidences; il revient à Compiègne, il y rencontre sa nièce qui y demeure; elle lui offre à déjeuner; quoi de plus naturel? Il n'accepte qu'un verre de bière; on sonne pour le départ du train; il n'a que juste le temps de monter en wagon; sa nièce le presse d'achever son verre, lui dit qu'elle paiera, et il la quitte. À peine en chemin de fer, il ressent des malaises: il se croit empoisonné; c'est la bière qu'il a bue; en effet, il se rappelle qu'il y avait comme des graines qui sautaient dans la bière; c'est sa femme qui a écrit à sa nièce de lui donner quelque chose qui lui fasse du mal; de retour à Paris, il avale plusieurs tasses de lait; arrivé chez lui, il s'informe, cherche à découvrir des preuves de la vérité qu'il soupçonne; il est très-agité; il passe la nuit à se soigner; il entend et il voit devant sa maison des individus armés qui le guettent pour le tuer; il veut les faire arrêter; le matin il se sauve de chez lui, va se réfugier dans un hôtel, où il continue à prendre des lavements et à s'appliquer des cataplasmes; enfin, après une démarche chez le commissaire, il revient chez lui et se couche; sa femme se présente, lui dit qu'elle part pour Vincennes, et saisi d'un accès de fureur, convaincu qu'elle va à un rendez-vous, ou qu'elle ne veut pas assister à sa mort, il se précipite sur elle et l'égorge.

Le meurtre accompli, la crise est momentanément épuisée, il reste calme et insouciant, se met à fumer, et se laisse arrêter, sans chercher à se disculper, donnant lui-même tous les détails, indiquant le rasoir dont il s'est servi, n'exprimant aucun regret, disant au contraire que si c'était à recommencer il le referait, et montrant ainsi sa conviction qu'il avait usé du droit de légitime défense. Ce n'est que le lendemain que, reposé par un sommeil paisible, n'éprouvant plus de malaise, ni de douleur, voyant par conséquent qu'il n'est pas empoisonné, il exprime le regret d'avoir tué sa femme.

À Mazas, nous le trouvons préoccupé des mêmes conceptions délirantes, des mêmes illusions des sens; il se croit encore empoisonné; les boissons lui collent les intestins, le tabac lui donne des maux de tête; ce n'est pas naturel; il est sombre, inquiet, exigeant, il se plaint, il récrimine, mais il se contient; survient une nouvelle crise; il perd le sommeil, il passe les nuits à marcher dans sa cellule, il se montre plus tourmenté, plus soupçonneux, plus irritable, et un matin, sans querelle préalable, sans discussion, il assomme un de ses camarades et le blesse grièvement; puis, il reste comme affaissé, inerte, et se contente de dire que cet homme le taquinait et était d'accord avec les gardiens pour l'assassiner. Cette fois, la crise dure après l'acte de violence, ou du

moins, la détente n'est que de quelques instants, et D...,
obsédé des mêmes frayeurs, des mêmes hallucinations,
prépare une nouvelle vengeance contre ses persécuteurs, contre les gardiens qu'il a entendus chuchoter,
dont il a vu les épées, contre ses codétenus qui sont les
complices des gardiens, et contre le directeur dont il a
reconnu la voix, et qui a dit que c'était le soir qu'on devait en finir.

Pour éviter un nouvel accident, on doit priver D... de
l'usage de ses mains et le revêtir de la camisole. Il ne
paraît plus avoir de craintes d'empoisonnement, ne
songe plus qu'aux épées avec lesquelles les gardiens
vont lui ouvrir le ventre, de même que dans la nuit qui
a précédé le meurtre il croyait être menacé d'être tué
par des individus armés de revolvers.

L'état mental dans lequel est D... depuis trois semaines, est analogue à celui dans lequel il était à l'époque
où il a tué sa femme; les manifestations délirantes, les
illusions des sens, les hallucinations que nous constatons
aujourd'hui chez D..., sont la confirmation la plus évidente du délire, sous l'empire duquel il a agi le 23 novembre dernier.

De tout ce qui précède, nous tirons les conclusions
suivantes:

1° D... est atteint de lypémanie avec prédominance de
délire de persécution, craintes d'empoisonnement,
frayeur de mort violente, illusions et hallucinations.

2° D... a donné, il y a déjà bien des années, des signes
de dérangement de l'esprit, mais c'est seulement dans le
courant de 1876 que les conceptions délirantes se sont
montrées clairement dans son langage et dans ses actes.

3° Dès les premiers mois de 1877, D... n'a presque plus cessé d'avoir la raison troublée, et sous l'influence des excès d'absinthe auxquels il se livrait, les crises d'agitation sont devenues de plus en plus fréquentes et de plus en plus violentes; des hallucinations de la vue se sont produites, et une véritable folie alcoolique est venue se greffer sur la lypémanie qui existait déjà depuis longtemps.

4° Le 23 novembre dernier, D... était sous l'empire d'une surexcitation maniaque et de conceptions délirantes, d'illusions des sens et d'hallucinations, qui le privaient de la conscience, et, par conséquent, de la responsabilité de ses actes.

5° D... est un aliéné des plus dangereux, qu'il est urgent de placer dans un asile spécial, où il devra être l'objet de la surveillance la plus rigoureuse.

En foi de quoi, nous avons rédigé le présent rapport pour valoir ce que de droit.

Paris, le 16 janvier 1878.

A. MOTET, É. BLANCHE.

Dans ce fait, comme dans les précédents, on observe des crises d'intensité différente et en rapport avec des variations dans les conditions cérébrales, et en plus, l'intoxication alcoolique comme cause déterminante de la crise au cours de laquelle a lieu le meurtre. D... est un bon ouvrier, un travailleur plein d'énergie, d'un caractère sombre, peu communicatif, très-économe, et qui n'admet pas que son travail puisse être sans récompense. Malgré toute son activité, loin de prospérer dans ses affaires, il végète, et quand il avait le droit d'espérer le succès, il ne rencontre que les revers.

Sa femme le seconde de toutes ses forces, mais en vain; alors D... lui reproche, sans aucune justice, de manquer d'ordre, et la rend responsable de ce qu'il ne réussit pas. Il a un enfant; loin de s'en réjouir, ce n'est pour lui qu'une dépense de plus dans le ménage. Un second enfant va naître; D... ne peut supporter la pensée de ce surcroît de charge; à cette pensée vient se joindre le soupçon qu'il pourrait bien avoir été trompé par sa femme et ne pas être le père de l'enfant qu'elle porte; il frappe violemment sa femme dans l'espoir de la faire avorter.

Puis, succède une période de calme relatif. Plus tard, les idées de jalousie reparaissent; D... est convaincu que sa femme a une mauvaise conduite; et un jour il se promène longtemps sur le bord de la Seine avec un de ses voisins qu'il considère comme un de ceux qui le trompent, et il avoue qu'il avait l'intention de le jeter dans l'eau. Cette fois, il en reste à la pensée, et ne va pas jusqu'à l'acte.

Obsédé de soucis, D... demande à l'alcool l'oubli de ses chagrins. Il devient alors de plus en plus soupçonneux, irritable, emporté; les hallucinations de la vue apparaissent; il ne dort plus, n'a plus un moment de repos ni le jour ni la nuit, et enfin la crise éclate, le meurtre est accompli. D... redevient aussitôt calme; il attend, en fumant, qu'on vienne l'arrêter, et il n'exprime aucun regret de ce qu'il a fait, tant il est persuadé que sa vengeance était juste.

Le lendemain, n'éprouvant aucun malaise, il pense qu'il n'était pas empoisonné et regrette d'avoir tué sa femme.

En prison, il a deux nouvelles crises; dans la première, il assomme un de ses codétenus; dans la seconde, il est réduit à l'impuissance par les mesures de surveillance exceptionnelle dont il est l'objet.

Constatons encore ici des analogies frappantes entre ce fait et le fait de la femme C... Elle ne doute pas de son droit de se venger des mauvais traitements dont elle est victime; D..., après avoir tué sa femme, conserve le calme d'un homme qui a satisfait à une vengeance légitime.

On pourrait croire que c'est une appréciation après coup, un moyen de défense; ce sentiment existait peut-être chez la femme C... et chez D..., mais il y avait certainement aussi conviction sincère de leur part.

Dans sa prison, la femme C... a de nouveau des conceptions délirantes relatives aux religieuses qu'elle considère comme des complices gagnées à la cause du clergé; à Mazas, D..., après être resté calme pendant quelques jours, présente les signes d'un délire avec hallucinations, absolument semblable à celui qui l'a poussé au meurtre de sa femme.

Il n'y a de différence que dans la cause de l'accès de délire avec hallucinations, l'alcoolisme, qui joue dans ce cas le principal rôle et qui manquait absolument chez la femme C...; mais dans l'un et dans l'autre, on voit des impulsions irrésistibles surgir au cours d'un délire mélancolique qui n'avait été longtemps que menaçant, qui avait donné lieu à quelques violences sans résultats, et qui éclate enfin par des actes terribles.

ÉPILEPSIE - ATTAQUES VERTIGINEUSES AVEC HALLUCINATIONS VISUELLES ET PERVERSIONS INTELLECTUELLES - ABSENCE D'ATTAQUES CONVULSIVES -INCONTINENCE NOCTURNE DES URINES - ACCÈS DE DÉLIRE IMPULSIF - MEURTRE - SOUVENIR EXACT DES FAITS ACCOMPLIS PENDANT L'ACCÈS - IRRESPONSABILITÉ.

Nous soussignés, Lasègue, Blanche et Motet, docteurs en médecine, commis par une ordonnance en date du 20 février 1868 de M. Dubard, juge d'instruction près le tribunal de première instance du département de la Seine, «à l'effet d'examiner le nommé R..., inculpé d'assassinat, de rechercher et d'établir quel a été son état mental au moment du crime, et quel il est actuellement;» après avoir prêté serment, avons pris connaissance du dossier, avons examiné l'inculpé à plusieurs reprises, et consignons dans le présent rapport les résultats de notre expertise:

Le 24 janvier 1868, R... se présentait au presbytère de la Loupe et demandait avec instance à parler à M. le curé. «Il venait, disait-il, chercher des consolations, et se plaignait des mauvaises gens qui voulaient lui faire du mal.» La servante qui lui avait ouvert la porte lui dit que le curé était à l'église, qu'il le trouverait au confessionnal. R... suivit les indications qui lui étaient données; il se rendit à l'église, frappa au guichet du confessionnal, et réclama les consolations qu'il était venu chercher. Soit que ses paroles eussent paru étranges au curé, soit que R... ait à ce moment déjà proféré des menaces, le prêtre ne crut pas devoir l'entendre et l'invita à se retirer. R... insista. Le curé sortit alors du confessionnal; l'accusé le suivit dans l'église, et n'obtenant pour réponses à ses demandes qu'un refus absolu, avec menaces de le faire arrêter s'il ne s'éloignait pas, R... prit son couteau et frappa le curé avec une telle violence que la lame pénétra tout entière dans la cavité du petit bassin et détermina une hémorrhagie rapidement mortelle.

R... rentre immédiatement à l'auberge, où il est arrêté. Il avoue le meurtre qu'il vient de commettre, et, bien que dès ce moment ses réponses soient assez précises, elles témoignent encore des préoccupations sous l'empire desquelles il a agi. Nous avons à déterminer: 1° quels sont les antécédents de l'inculpé; 2° quel était son état mental au moment du crime.

R... est un homme de 34 ans, d'une taille élevée; son aspect extérieur révèle la prédominance du tempérament lymphatique; il est atteint d'une blépharite ciliaire chronique. Son enfance a été maladive; il eut, dit-il, les fièvres pendant très-longtemps, mais il ne paraît pas avoir eu d'accidents convulsifs. Il se développa lentement et fut sujet jusqu'à 18 ans à de l'incontinence nocturne des urines. Il n'apprit jamais à lire ni à écrire, et put cependant faire sa première communion. Sa physionomie est peu intelligente; l'ensemble de sa personne, son attitude, annoncent une simplicité, une franchise, dont nous avons été frappés dès notre premier examen, et qui ne se sont pas démenties depuis. Il travailla de très-bonne heure; placé à l'âge de 13 ans comme domestique dans une ferme, il y resta cinq ans, et n'en sortit qu'à la mort de ses maîtres. À cette époque, son caractère se modifie; R... est pris comme d'un incessant besoin de changement; il ne reste nulle part, s'en allant sans prétexte, pour rentrer quelque temps après dans la place qu'il a volontairement quittée. Il est inquiet, soupçonneux; il croit, si l'on parle à voix basse auprès de lui, que c'est de lui qu'on s'occupe; si on lui fait une observation, il la prend toujours en mal; sans être habituellement querelleur ni violent, il a parfois des moments de vivacité, d'entêtement, il se bute, et l'on n'en peut rien obtenir. D'autres fois, il est sombre, taciturne, ne parle plus, et cet état de tristesse se montre assez souvent chez lui pour qu'on dise dans le pays que R... «est un songeur». Il ne se lie avec personne, ne se montra guère ni au cabaret ni dans les fêtes; son caractère, mobile à l'excès, éloigne de lui. Cependant, il ne manque jamais de travail; on lui reconnaît une certaine habileté dans le commerce des bestiaux; on lui confie des sommes assez importantes, et jamais sa probité n'a été suspectée. Il est économe, et, si peu qu'il gagne, il contribue pour sa part à soutenir une de ses soeurs qui est aveugle.

Cet homme est, depuis l'âge de 18 ans, sujet à des accidents qui revenaient à des époques plus ou moins éloignées; il était pris de maux de tête violents dont l'apparition semble avoir coïncidé avec les modifications signalées dans son caractère. Depuis huit mois surtout les maux de tête ont été plus fréquents; ils se sont compliqués de troubles de l'intelligence, d'hallucinations de la vue, et les renseignements qu'il nous donne à ce sujet, que nous reproduisons presque textuellement, sont d'accord en tous points avec les dépositions recueillies par les magistrats chargés de l'enquête.

«Souvent, dit-il, ça me prenait, j'avais tout à fait mal à la tête, je n'y voyais plus clair; ça me montait à l'estomac, et puis ça me serrait au cou: je ne pouvais plus respirer. Je ne dormais guère jamais, mais, dans le mois d'août, je ne dormais presque plus. Je me faisais un tas de fantômes, j'avais comme peur de moi-même. Jamais je ne m'étais vanté de ça à personne. Une nuit, j'étais dans mon lit, j'aperçois quelque chose contre la porte de l'écurie; ça avait une figure tout à fait drôle. Je me suis levé, je suis allé voir, il n'y avait plus rien. Je me suis recouché et ça est revenu. Je me suis relevé trois fois, et je me disais: Mon dieu, je suis-t-y drôle! J'ai pensé que c'était quelque chose qui me tourmentait dans moi, qu'on voulait me faire du mal, je n'ai pas dormi du tout. Le matin je me suis levé comme d'habitude, j'ai été mener les vaches dans le pré, je n'ai rien dit à ma patronne; je suis allé trouver le curé de Pontgoin, je lui ai tout raconté; je lui ai dit que je croyais qu'on voulait me faire du mal; je croyais sans croire; je pensais bien qu'il y avait quelque chose tout de même, mais je ne supposais sur personne. Le curé de Pontgoin m'a rassuré, il m'a conseillé un bain de pieds et du tilleul; je me suis trouvé mieux après cela. J'ai eu cela encore une autre nuit que je me suis levé. Je voyais tout rouge; j'ai cru qu'il y avait le feu; j'ai manqué l'échelle et je suis tombé; cette fois-là, ma patronne peut le savoir.»

Il est impossible de méconnaître dans ces faits l'existence d'hallucinations de la vue, se manifestant tout à coup chez un individu qui se plaint en même temps d'un malaise qui, de la région de l'estomac, s'étend vers l'oesophage, remonte jusqu'à l'arrière-gorge et détermine une sensation de constriction nettement exprimée par les mots: «Cela me serrait, je ne pouvais plus respirer.» Cette anxiété extrême, nous la retrouvons, non pas la veille, mais l'avant-veille du jour du meurtre. «Dans la nuit du mercredi au jeudi (22 au 23 janvier), je n'ai pas pu dormir. J'avais un tas de rêves; il me semblait toujours voir quelque chose, des formes de rien; c'était dans ma vue, mais j'avais comme peur. Je ne me suis pas levé, j'ai appelé le tondeur à côté de moi pour lui demander l'heure. Je m'ennuyais dans le lit, j'étais tout à fait fatigué; souvent ça m'arrivait de ne pas pouvoir dormir; mais la nuit suivante j'ai tout à fait bien dormi; ça ne m'a pris que le matin après que j'ai eu mangé le café.

«Il s'est trouvé que j'allais à la Loupe; je ne sais pas ce qui m'a pris. Je me suis levé bien tranquille à sept heures; j'ai sorti dehors, et la maîtresse d'auberge était là, en train de faire du café. Elle me dit: en voulez-vous?-- Ça m'est égal, que je lui répondis, si vous en avez de trop, je veux bien. Quand j'ai eu mangé ce malheureux café, ça m'a monté à l'estomac.

À ce moment là, il y a un homme qui est venu avec un coq d'Inde.

«Il y avait longtemps que j'avais la tête toute drôle par moments; ça m'a impressionné de voir ce dindon; il était dans un panier au milieu de la route, et plus je le regardais, plus il me semblait drôle; je ne pouvais pas m'ôter les yeux de dessus; je ne peux pas vous expliquer cela. Je me suis retourné et c'est là que j'ai vu l'image du côté du lit au petit C...; il y avait comme deux têtes: ça dansait. C'est là que je suis parti. J'étais impressionné et tourné je ne sais pas comment. Alors j'ai été trouver le curé; il n'était pas là, il était à l'église. J'avais sonné, la domestique m'avait demandé ce que je voulais, je lui répondis que je voulais parler à M. le curé. Elle me dit qu'il était à l'église. J'entrai. J'ai pris de l'eau bénite comme on fait toujours, j'ai tapé au guichet du confessionnal; il m'a demandé ce que je voulais, je lui ai dit que je voulais des consolations; j'ai encore frappé, il m'a dit de m'en aller; puis il est sorti dans l'église, il m'a dit qu'il allait chercher les gendarmes. J'avais mon couteau dans ma poche, je lui en ai donné un coup. C'est là qu'ils sont venus m'arrêter.»

Ces détails nous permettent de dire que le délire a éclaté tout à coup sous forme d'accès avec impulsion irrésistible; et, loin de trouver dans la précision des réponses de R... des éléments de doute sur la réalité d'un trouble de ses facultés intellectuelles, nous déclarons que l'intégrité des souvenirs, l'exposé minutieux de tous les faits qui ont précédé le meurtre, sont pour nous caractéristiques; ils sont l'expression d'une préoccupation maladive.

R... s'est en quelque sorte observé lui-même, rien ne lui a échappé dans la succession des troubles qu'il nous révèle. Des faits qui eussent passé inaperçus pour un homme sain d'esprit, se sont gravés dans sa mémoire avec d'autant plus de précision qu'il a été plus inquiet. Il n'a rien oublié; mais, bien différent des autres criminels qui essayent de mettre leurs actes au compte de la folie et de les atténuer, il raconte ce qu'il a éprouvé, sans chercher jamais à s'excuser, exprimant plutôt le regret du meurtre qu'il a commis. Il n'exagère rien; il dit avec une simplicité et une sincérité parfaites; il n'a jamais varié dans ses réponses; ses actes, ses préoccupations délirantes s'enchaînent de la manière la plus rigoureuse et appartiennent à un état pathologique nettement déterminé. Pour nous, R... est atteint d'épilepsie, non pas de celle qu'on observe le plus communément, mais bien de la forme réduite aux vertiges fugaces, à ces modifications instantanées si soudaines et parfois si rapidement disparues qu'elles ne seraient même pas soupçonnées si les actes qui les suivent n'en venaient pas révéler la nature. Cette opinion est d'autant plus certaine en ce qui regarde R..., qu'il est d'expérience que les actes délirants prennent plus vite le caractère de la plus aveugle violence lorsque la manifestation épileptique a été réduite à sa plus simple expression. Et, comme ces troubles ne sont jamais isolés, comme leur apparition, leur retour, apportent dans le caractère, dans les habitudes, dans les tendances, des modifications profondes, on peut, lorsqu'on n'en méconnaît plus la nature, les suivre en quelque sorte à la trace. Tantôts fréquents, tantôt revenant à de longs intervalles, ils laissent toujours une impression plus ou moins profonde, se révélant par des symptômes à l'ensemble desquels on a scientifiquement donné le nom de «caractère des épileptiques». Ces malades, d'une mobilité extrême, sont tour à tour soupçonneux, méfiants, querelleurs, violents, puis faciles, serviables, obséquieux même. Leur intelligence pendant longtemps n'est pas amoindrie, elle n'est que momentanément troublée, jusqu'au jour où, par suite de la répétition des accès, elle s'affaiblit et enfin s'éteint. Chez les malades qui présentent seulement l'état vertigineux, le caractère épileptique est tout aussi tranché que dans l'épilepsie convulsive. Mais ce qu'on trouve chez eux bien plus souvent, ce sont les hallucinations de la vue, les déterminations violentes, non motivées, l'agression instantanée, automatique, pour ainsi dire, de véritables accès s'épuisant parfois à la suite d'un seul meurtre, ou bien, ce qui malheureusement n'est pas rare, durant assez longtemps pour être l'occasion d'une série de meurtres dont on chercherait en vain les motifs.

R... nous présente tous les caractères de cette affection. Depuis l'âge de 18 ans, il est connu comme un individu mobile, ayant des alternatives d'une tristesse profonde et d'un état plus calme pendant lequel il est capable de se livrer aux travaux de la ferme. On ne s'explique pas ses brusques changements d'humeur: c'est qu'on ne sait pas qu'il a peu de sommeil, que des visions effrayantes, «des fantômes, des images de rien», comme il les appelle, le tourmentent souvent. Il est soupçonneux, méfiant; il se figure qu'on s'occupe de lui, qu'on lui veut du mal. Quand il est sous l'influence de ses préoccupations tristes, il n'accepte aucune observation, «il part, dit-il, pour un oui, pour un non», et, la période de calme revenue, il cherche à rentrer dans la maison qu'il a quittée sans motifs. Bien des faits qui auraient eu pour nous une haute importance ont pu passer inaperçus, mais ce que nous savons ne peut laisser aucun doute dans notre esprit, et surtout les hallucinations du mois d'août. R... était aussi malade le jour où il est allé trouver M. le curé de Pontgoin que le jour où il est allé trouver M. le curé de la Loupe. Les symptômes de l'accès sont les mêmes; et si le curé de Pontgoin n'a pas été la victime de R..., c'est que l'accès du mois d'août s'était passé pendant la nuit, que déjà un intervalle de temps assez considérable s'était écoulé entre les troubles hallucinatoires et le moment de la visite au curé; c'est qu'aussi, peut-être, R... n'a pas, ce jour-là, rencontré d'obstacles dans la réalisation de ses projets; il a trouvé ce qu'il venait chercher: des consolations. Dans le fait de la Loupe, nous constatons les caractères du vertige plus tranchés encore: début brusque par une sensation de malaise au creux de l'estomac, sorte «d'aura» qui remonte à l'arrière-gorge et l'étouffe, hallucinations de la vue, éblouissements, et, enfin, conceptions délirantes tristes: ce sont elles qui le poussent. R... a besoin d'aller chercher auprès de quelqu'un ce qu'il appelle «des consolations»; et, comme il avait été trouver le curé de Pontgoin, il s'en va trouver le curé de la Loupe. Il ne le connaissait pas, mais il avait été soulagé, dit-il, par le premier, il pouvait l'être par le second. Profondément troublé à ce moment, il n'est plus maître de se diriger; il obéit à une impulsion; il rencontre un obstacle, il le renverse; il frappe, il tue, sans préméditation, sans conscience, un prêtre qu'il n'a jamais vu, qu'il n'a pas, même un instant, pensé à mettre au nombre de ses imaginaires persécuteurs.

En conséquence, les médecins soussignés se croient autorisés à conclure que:

1° R... est atteint d'une affection encéphalique caractérisée essentiellement par des accès subits épileptiformes, avec impulsions irréfléchies et irrésistibles.

2° En dehors de ces attaques s'accompagnant d'hallucinations visuelles, de vertiges, ou de perversions intellectuelles, R... n'a jamais été sujet à des attaques épileptiques convulsives, se produisant sous la forme d'accès d'épilepsie classique.

3° L'absence de convulsions épileptiques, non-seulement n'exclut pas la possibilité d'épilepsie à prédominance de propulsions instinctives et de désordres de l'intelligence; au contraire, il est d'expérience que la plupart des malades entraînés à commettre des actes de violence dans le cours d'un vertige épileptique de nature spéciale ne sont que rarement, sinon exceptionnellement, sujets à des attaques éclamptiques d'épilepsie.

4° Dans ces conditions, le malade, dominé par la plus invincible de toutes les influences, perd toute responsabilité de ses actes, lors même que ces actes sembleraient à première vue être commandés par une intention, et être soumis à l'influence de la volonté.

5° Si R... doit être considéré comme irresponsable, et si les accès de l'aliénation passagère ne sont survenus et ne doivent préalablement survenir qu'à des périodes éloignées, R... est, néanmoins, pendant les accès, dont le retour périodique est impossible à déterminer, un homme tellement dangereux, qu'il y a lieu de le placer dans un asile d'aliénés.

Paris, le 9 avril 1868.

Signé: CH. LASÈGUE, É. BLANCHE, A. MOTET.

Ce fait vient à l'appui de l'opinion, aujourd'hui consacrée par l'expérience, que les troubles intellectuels chez les épileptiques sont beaucoup plus intenses dans les cas où il y a seulement des vertiges que dans ceux où existent des attaques éclamptiques. L'élément délire semble en raison inverse de l'élément convulsion.

On observe chez R... des crises d'inégale intensité; d'abord, c'est un besoin irrésistible de changement et de condition; puis, se montrent des soupçons, des inquiétudes, des moments de tristesse, des vivacités, des emportements; viennent ensuite des hallucinations, principalement la nuit, des terreurs, des insomnies. Après une nuit passée dans le délire, R... se rend chez le curé de P... et lui raconte ses tourments; celui-ci le rassure et lui donne quelques conseils. R... se retire content et calme; la crise s'arrête là. Notons ici que la démarche auprès de curé de P... avait été séparée par quelques heures des accidents cérébraux qui l'avaient précédée, et que par conséquent l'influence de ces accidents en avait été amoindrie. Au contraire, le jour où R... a tué le curé de la Loupe, c'est dans la matinée et presque immédiatement avant d'aller au presbytère qu'il avait eu une crise sur laquelle il a fourni les détails les plus précis. Il était donc, en arrivant auprès du curé, sous l'influence directe de cette crise de délire et d'hallucinations.

Enfin, à rencontre de ce que l'on observe le plus habituellement chez les épileptiques, R... s'est rappelé avec une précision minutieuse tout ce qu'il avait pensé, tout ce qu'il avait vu, et tout ce qu'il avait fait, jusqu'après le meurtre, ce qui s'explique par la prédominance qu'offre dans ce cas l'intensité de la préoccupation délirante sur les troubles comitiaux.

L'attaque est incomplète chez lui comme chez un grand nombre d'épileptiques à crises plus mentales que convulsives. Elle a en moins l'absence de conscience, les spasmes toniques ou cloniques; elle a en plus la tension impulsive. C'est une sorte d'état intermédiaire entre la grande attaque ou le grand mal, et le vertige.

Conformément aux conclusions du rapport, R... a été déclaré irresponsable et placé dans un asile d'aliénés.

La nommée R... est une enfant non-seulement par son âge, mais par la lenteur de son développement physique et moral; sa tête a des dimensions au-dessous de la moyenne.

À l'âge de 2 ans, elle a fait une chute suivie d'accidents cérébraux sur lesquels il est impossible d'être renseigné. Depuis lors, des accès épileptiques ou épileptoïdes rares se sont produits.

Elle est sujette à des impulsions violentes, soudaines, sans provocation, et sans cause appréciable.

Un jour, elle se jette, armée d'un couteau, sur sa mère et lui fait une blessure sans gravité. Une autre fois, elle se précipite sur sa grand'mère, une corde à la main, roule la corde autour de son cou et tire violemment; la grand'mère est à demi étranglée, elle tombe à terre, ne pouvant plus crier; le bruit attire l'attention et on accourt à temps pour la sauver.

Ces attaques de courte durée sont séparées, par des intervalles de raison relative, d'autres accès pendant lesquels l'enfant est dominée par des idées vaniteuses.

Elle s'habille avec une prétention de mauvais goût, se déclare riche ou près de le devenir, habile à tout, bien qu'elle n'ait pu en réalité apprendre un état.

Le nommé F..., âgé de 35 ans, est arrêté dans la boutique d'un marchand de vins, s'étant jeté sur un consommateur, armé d'un couteau, et après avoir erré longtemps sur le trottoir en proférant des menaces. Le lendemain de son arrestation, il déclare se rappeler le fait, sans savoir quels mobiles l'ont fait agir. Il boit peu, et n'a pas de tremblement caractéristique. Six mois avant, il s'était précipité sur sa logeuse avec laquelle il n'avait eu que les plus honnêtes relations; il veut l'embrasser, la coucher sur son lit; elle résiste; appelle au secours, F... descend dans la rue, se met à danser, remonte et s'enferme à clef chez lui. Un mois plus tard, il frappe à coups redoublés à la porte d'une maison où d'ailleurs il était connu, au milieu de la nuit, on lui refuse l'entrée; sa fureur redouble; les agents de police accourus, le maintiennent après une résistance terrible. Au poste, il s'endort, et le lendemain il se réveille assez remis pour qu'on le reconduise, sans autre formalité, à son domicile.

Là encore, on assiste à des phases qui varient par leur intensité plutôt que par leur nature. En poursuivant plus loin la recherche, on apprend que F..., employé comme homme de peine dans une administration publique, y est très-estimé, mais que de temps en temps il devient singulier, morne ou menaçant, et après quelque repos, il reprend son ouvrage à la satisfaction de tous. On apprend aussi qu'il n'a pas d'habitudes d'ivrognerie et qu'il se défend de boire, sachant combien la boisson l'agite.

La nommée M..., domestique, âgée de 24 ans, est née dans la Meurthe; elle habite Paris depuis son enfance. Petite, blonde, d'une physionomie assez fine, elle a été arrêtée pour un infanticide accompli dans les conditions que révèle suffisamment son interrogatoire. Nous avons cru devoir nous borner à reproduire ses paroles, rapportées presque textuellement: «Mon enfant était en nourrice, il avait six mois. J'ai été le chercher au bureau, j'ai payé ses mois. Je savais que je ne pouvais pas continuer, je l'ai emporté.

«Je suis revenue tranquillement à la Seine, portant l'enfant sur les bras; je me suis promenée un bon moment sur le bord de la Seine, je ne savais pas quoi faire, si je devais rentrer chez mes patrons; il était près de minuit, j'ai marché pendant près de deux ou trois heures, je me suis assise sur un banc.

«Je ne pourrais pas dire ce qui m'a passé par l'esprit; j'étais comme perdue, je ne pourrais pas expliquer. Je l'ai pris, je l'ai jeté par-dessus le pont; je l'ai jeté avec douceur. Le pauvre enfant, je pensais en faire tout autant pour moi que j'en ai fait à mon enfant, je ne pourrais pas dire; ça m'a pris tout d'un coup. Mes parents savaient que j'avais un enfant, mes maîtres, non; j'aurais réfléchi, que j'aurais compris que mes parents m'auraient aidée. Ce n'est pas par méchanceté, c'est je ne sais comment que j'ai fait le coup.

«Son père était commis dans un magasin, j'avais fait sa connaissance par une autre jeune fille; je ne l'ai pas revu après un mois que j'étais enceinte; il y avait peut-être cinq mois que je le connaissais.

«J'ai été au commencement que j'étais grosse en rapport avec un autre individu qui devait m'épouser; il a refusé, le jour de l'accouchement, en faisant le calcul qu'il ne pouvait pas être le père.»

L... est plus franchement épileptique.

Venu à Paris de son pays par un coup de tête, il se fait arrêter au bois de Boulogne, brisant avec les pieds et les poings un tableau indicateur qu'il vient d'arracher de son poteau.

Au moment où l'on veut s'emparer de lui, il tire son couteau et en frappe un agent; la blessure est insignifiante.

On le désarme, et le lendemain, il est conduit à l'infirmerie de la Préfecture de police. Là, il est pris de deux accès d'épilepsie type avec cris, menaces, injures, bris de vitres, puis convulsions toniques et cloniques, écume, asphyxie incomplète suivie de sommeil stertoreux et presque de coma.

Les observations d'épileptoïdes et d'épileptiques, dans lesquelles l'impulsion, variant de degré, se traduit tantôt par un bris de meubles ou de vitres, tantôt par des violences, tantôt par une tentative de meurtre ou par un meurtre lui-même, sont nombreuses.

Je dois à l'obligeance de mon excellent ami, M. le professeur Lasègue, la communication des quatre faits précédents dont chacun offre des variétés en rapport soit avec le hasard des circonstances, soit avec la vivacité déréglée des excitations.

Dans le premier, on peut plutôt supposer la nature vraiment épileptique des attaques que l'affirmer avec preuves à l'appui, mais on trouverait difficilement un type mieux accusé d'impulsions passagères aboutissant à une tentative d'homicide ou à un homicide, ce qui est la même chose au point de vue de l'impulsion, et sous quelque nom qu'on le classe, le raptus cérébral ne peut laisser aucun doute.

Ces faits sont tellement caractéristiques, l'attaque impulsive à forme cérébrale est si évidente, qu'ils peuvent se passer de commentaires.

ACCÈS DE MÉLANCOLIE - SEMI-GUÉRISON- PERSISTANCE DE TRISTESSE SANS DÉLIRE - SECOND ACCÈS DE MÉLANCOLIE - SUICIDE AVEC TENTATIVES NON SÉRIEUSES - PENSÉES D'HOMICIDE SUR LA PERSONNE DU MARI, SANS EFFET - AGGRAVATION DE L'EXCITATION - IMPULSIONS IRRÉSISTIBLES QUI ABOUTISSENT AU MEURTRE DE L'ENFANT - IRRESPONSABILITÉ.

Nous, soussignés, docteurs en médecine, chargés d'examiner la nommée Sophie B..., femme M..., inculpée d'assassinat commis sur la personne de son fils, âgé de moins de 4 ans; de rechercher quel était son état mental au moment du crime qui lui est imputé, quel est son état mental actuel, et de déterminer si elle doit être considérée comme responsable de ses actes, avons consigné dans le présent rapport le résultat de notre examen:

Sophie B..., femme M..., âgée de 45 ans, s'est mariée au mois de novembre 1861. À la suite de la mort de son premier enfant, en 1862, elle fut atteinte d'un accès de délire mélancolique; pendant trois semaines, elle resta dans un état voisin de la stupeur, ne parlant pas, ne voulant plus manger, indifférente à tout, ne prenant aucun soin d'elle-même, ne se souvenant de rien, et son mari nous affirme qu'elle était alors beaucoup plus malade, en apparence du moins, qu'elle ne l'est aujourd'hui. Cet accès dura six semaines environ.

En 1864, elle accoucha d'un garçon qu'elle nourrit elle-même, ce qui la fatigua beaucoup; elle fui assez triste pendant quelque temps, mais elle n'eut pas de délire.

Le mari travaillait beaucoup, le ménage était dans l'aisance, et, de son propre aveu, elle était heureuse. En 1866, elle eut au mois d'avril une hémorrhagie utérine très-abondante et qui la laissa longtemps dans un état de faiblesse extrême, que vint accroître encore une cholérine à la fin du mois d'août. L'hiver fut pénible à passer pour elle; elle ne put travailler, elle en conçut une tristesse profonde, mais sa raison ne fut point troublée; elle n'avait qu'une crainte exagérée d'être un jour complètement incapable d'élever son enfant auquel elle témoignait une vive affection et dont elle prenait le plus grand soin. Vers le mois de juillet 1867, sa santé s'altéra et déclina de plus en plus jusqu'au mois de janvier 1868, où elle donna de nouveaux signes de mélancolie. Affaissée, languissante, incapable de toute occupation, inaccessible à toute distraction, elle se plaignait d'être fatiguée de vivre, et plus d'une fois elle dit à son mari, à quelques amis: «Je voudrais mettre ma tête dans un trou» ajoutant: «Pauvre homme, je ne suis bonne à rien, je voudrais mourir. Je ne peux pas m'occuper de l'enfant, le laver, il est malpropre.» Puis, elle prenait son petit garçon dans ses bras, le caressait et le repoussait tout à coup, en disant: «Tout me fatigue, tout m'ennuie.»

Le sommeil devint irrégulier et se perdit tout à fait. Le 4 mai, son mari se réveille à 4 heures du matin, il trouve sa femme assise dans le lit, il lui demande si elle a dormi, elle lui répond: «Je ne peux pas: si tu savais quelle idée me passe par la tête, il faut que je te tue; c'est une idée qui me vient; que je suis malheureuse! Si je pouvais déchirer ce drap.» Et en parlant ainsi, elle chiffonnait et tordait les draps du lit, elle se frappait le front sur la muraille. Vers 7 heures du matin elle se calme, se lève, fait son ménage. À 9 heures une de ses amies vient la voir; dès qu'elle l'aperçoit elle la prend par le bras, la supplie de l'aider:--«Sauvez-moi, aidez-moi, lui dit-elle, tout le monde me déteste, je vois l'échafaud devant moi.» Elle dit au médecin: «Sauvez-moi, Monsieur, je sens que je perds la tête. Mon pauvre homme, que va-t-il devenir?»

Pendant huit jours, elle reste dans une profonde mélancolie; puis elle semble aller mieux, et le jour du meurtre, elle était même sortie pour se promener. À six heures elle rentra chez elle et prépara le dîner; son mari ne s'aperçut pas qu'elle fût préoccupée. L'enfant jouait dans la chambre avec un maillet en bois. À huit heures et demie, elle coucha le petit garçon, et l'embrassa. Le père qui avait à porter son travail de la journée chez son patron, crut pouvoir laisser sa femme seule, elle lui paraissait bien, il n'avait, nous dit-il, aucun pressentiment. À peine était-il parti que la femme M... prenait le maillet, et frappait à la tête son enfant endormi.

Tels sont les faits qui ont précédé le meurtre.

Dès le lendemain, la femme M... fut conduite à l'asile Sainte-Anne; c'est là que nous l'avons examinée à plusieurs reprises: nous reproduisons textuellement ses réponses, afin de leur laisser le caractère de sincérité qui nous a frappés.

--Comment vous appelez-vous?

--Sophie B..., femme M...

--Vous êtes allemande?

--Je suis née dans le duché de Bade.

--En quelle année?

--En 1823.

--Depuis quand êtes-vous à Paris?

--Depuis douze ou treize ans, je ne me rappelle plus bien.

--Vous êtes-vous mariée à Paris?

--Oui, Monsieur.

--Que fait votre mari?

--Il est confectionneur pour Dames.

--Étiez-vous heureuse, était-il bon pour vous?

--Très-heureuse, il était très-bon pour moi.

--Votre ménage était très-tranquille?

--Oui, très-tranquille.

--Avez-vous des enfants?

--Oui, j'en avais un, un fils.

--Qu'est-il devenu?

--Je l'ai fait mourir. (Cette réponse est faite avec le plus grand calme).

--Avec quoi l'avez-vous tué?

--Avec un martinet.

--Qu'est-ce qu'un martinet?

--C'est gros comme un manche en bois.

--Comment avez-vous fait?

--J'ai frappé sur sa tête avec ça.

--Combien de coups?

--J'ai frappé trois fois, je crois, très-fort.

--Pourquoi l'avez-vous frappé?

--Je ne l'aimais plus, sans cela je ne l'aurais pas frappé.

--Pourquoi ne l'aimiez-vous plus?

--Je l'aimais bien au commencement, puis, j'ai cessé de l'aimer. C'est cet hiver que cela m'a pris, je n'ai jamais été pareille; j'ai souffert tout l'hiver; il n'y avait pas d'ouvrage comme il devait y en avoir; j'étais toujours chagrine, toujours triste, il m'est venu cette idée comme ça de le frapper pour le tuer.

--Pourquoi? pour vous en débarrasser?

--Oui je voulais m'en débarrasser.

--Aviez-vous de la peine à le nourrir?

--Non, ce n'était pas une charge. Ça m'est venu de le tuer. Je savais bien que c'était mal, mais je me suis dit: «On va me tuer après». J'avais déjà pensé à me tuer depuis cet hiver, mais pas mon enfant. Je me sentais malheureuse, sans motif de l'être.

--Vous n'avez jamais été maltraitée par votre mari?

--Oh non, au contraire.

--L'enfant n'était pas méchant?

--Oh non.

--D'où venait votre tristesse?

--J'ai eu un mal au pied. Je ne suis pas sortie de l'hiver; j'étais toujours triste, mon mari me disait de sortir, je ne voulais pas. Avant l'hiver je n'étais pas comme cela.

--Y a-t-il eu d'autres époques dans votre vie où vous avez été triste?

--Oui, j'ai été une fois très-triste, à la mort de mon premier enfant.

--À ce moment-là, avez-vous eu la pensée de vous faire mourir?

--Non, pas cette fois-là.

--Cette pensée de tuer l'enfant est-elle venue tout à coup?

--Non, je l'ai eue plusieurs jours, je me disais, il ne faut pas, c'est mal.

--Quand vous le voyiez, l'idée de le frapper vous revenait-elle?

--Oui, pour la plus petite chose, j'avais envie de le frapper.

--Avez-vous essayé de vous tuer vous-même?

--Oui, cet hiver, j'ai voulu me jeter par la fenêtre, je l'ai ouverte et je me suis dit: «il ne faut pas faire cela.»

--Aviez-vous peur de vous blesser sans vous tuer?

--Oui, je me disais, je ne vais pas me tuer, je vais rester accrochée.

--À quel étage demeuriez-vous?

--Au troisième sur la rue.

--Vous rappelez-vous à quelle époque?

--Non, je ne me souviens plus bien.

--Est-ce la seule fois que vous aviez voulu vous tuer?

--Non, cette pensée-là m'est venue plusieurs fois.

--Quand vous avez frappé l'enfant, qu'avez-vous éprouvé?

--Quand l'enfant a été mort je me suis dit: «Ça n'est pas bien, puis je me disais aussi: Mon Dieu, je voudrais bien qu'il ne souffre pas longtemps.»

--Qui est-ce qui est venu chez vous après cela?

--Un monsieur qui demeure chez nous; je lui ai dit: «J'ai tué l'enfant.» J'étais agitée, je ne pouvais presque pas parler. Le monsieur m'a dit; «Vous, une si bonne mère,» et il est parti chercher le médecin.

--A-t-il envoyé quelqu'un près de vous?

--Oui, puis le médecin est venu, et après, on m'a conduite au poste.

--À quelle heure est-ce arrivé?

--C'est après que mon mari a été parti, vers 8 heures et demie.

--Quel jour était-ce?

--Il y a aujourd'hui huit jours.

--Qu'est-ce que vous avez fait depuis?

--J'ai raconté cela comme à vous à des messieurs, je ne me rappelle pas où.

--Où êtes-vous ici?

--On m'a dit à Sainte-Anne.

--Qu'est-ce que cette maison?

--C'est une maison de santé.

--Quelle espèce de malades y a-t-il?

--Ceux qui ont la tête dérangée.

--Et vous, est-ce que vous avez la tête dérangée?

--Je n'ai pas la tête dérangée, mais je ne peux plus réfléchir comme autrefois. Je me rappelle que cet hiver
j'ai senti comme tous les fils cassés dans ma tête, pendant cinq minutes; je me rappelle très-bien cela. J'étais
comme perdue tout à fait. J'étais toute seule, c'était à la
nuit; le lendemain, j'ai dit à mon mari: «je suis comme
une imbécile, je ne sais plus faire ce que je faisais;»
j'étais toute étourdie; c'était avant l'hiver que ça a
commencé.

--Avez-vous eu d'autres fois l'idée de tuer quelqu'un?

--Oui, une fois, le matin avant 5 heures; je ne pouvais
pas dormir, j'étais toute agitée, j'étais couchée à côté de
mon mari qui dormait; je l'ai tiré par sa manche pour
le réveiller, et je lui ai dit que j'avais de mauvaises idées,
que je voulais le tuer.

--Et l'hiver précédent, comment étiez-vous?

--L'autre hiver, j'ai été prise comme cela, je ne pouvais
plus lire, j'aimais bien lire autrefois.

--Etes-vous très-malheureuse de la mort de votre enfant?

--Oh oui, très-malheureuse, j'ai mal fait. (Ceci est dit
avec la plus grand calme, sans apparence d'émotion.)
Mais je n'ai pas pu pleurer. Autrefois je pleurais pour
un rien, maintenant je ne peux plus du tout; j'étais très-
sensible, on se moquait de moi parce que je pleurais

quand je lisais quoique chose; je ne suis plus sensible du tout maintenant.

--Vous rappelez-vous ce qui s'est passé le jour où vous avez tué l'enfant?

--Je ne me rappelle pas tout, mais bien des choses. J'ai frappé sur sa tête avec un martinet en bois.

--Quand vous avez, cessé de frapper vivait-il encore?

--Oui, il remuait, mais je pensais tout de même qu'il était mort, je ne voulais pas le faire souffrir.

--Dans les nuits qui ont précédé, avez-vous entendu des voix qui vous disaient de le tuer?

--Non, je ne pensais pas à le tuer avant, je l'aimais bien, et son père aussi. C'est dans l'hiver que je me suis trouvée très-malheureuse que l'idée m'est venue, je la repoussais, et elle est revenue, je ne sais pourquoi.

--Êtes-vous bien sûre de n'avoir pas entendu des voix qui vous disaient: «Tue-le»?

--Non, jamais.

--Et pour votre mari?

--Non plus; je n'ai jamais pensé à tuer quoiqu'un avant cet hiver; c'est moi-même que je voulais tuer.

--Vous n'avez pas pu résister à votre idée de tuer l'enfant?

--Non.

--Dans cette journée-là, vous ne vous rappelez pas d'avoir eu des bruits dans les oreilles, des étourdissements?

--Non, pas des étourdissements, mais j'avais mal à la tête, je n'avais plus de mémoire, j'oubliais les objets, une fois je pensais à une chose, et puis j'oubliais, je pensais à une autre. Quelquefois je me souviens de mon enfant, je me dis que je l'ai tué, que c'est très-mal, et puis je n'y pense plus.

L'idée me vient que j'ai rendu mon mari malheureux, qu'il ne méritait pas cela, parce que c'est un brave homme, et puis tout d'un coup je n'y pense plus.

--Quand vous y pensez, l'avez-vous devant les yeux?

--Non, je ne le vois plus bien, je ne me rappelle plus sa figure, je l'aimais pourtant bien.

--De quelle couleur étaient ses cheveux?

--Bruns.

--Quel âge avait-il?

--Quatre ans le 28 juin.

--Depuis que vous êtes ici, que faites-vous?

--Je ne fais rien, je ne peux pas travailler. Depuis long-temps je suis comme cela, c'est ça qui m'a emmenée dans ces idées là. Je croyais que je ne pourrais plus travailler autant; j'étais très-faible, je ne pouvais plus aider mon mari. Cela me faisait désirer de mourir, me faisais des reproches pour tout, pour tout.

--Avez-vous revu votre mari?

--Oui, il est venu dimanche, c'est la première fois que j'ai pu pleurer un peu. Il a été très-bon pour moi, mais je n'ai pas pleuré depuis, je ne peux plus réfléchir.

À toutes nos visites, la femme M..., s'est montrée la même. Son état ne s'est pas modifié depuis son entrée.

Sa physionomie est triste, toute son attitude est celle d'une lypémaniaque. Elle s'isole, ne parle jamais, ne recherche aucune occupation; elle dit qu'elle est incapable de tout travail. Ses idées sont très-confuses. Elle essaye de ressaisir quelques souvenirs, ils lui échappent, et elle reste dans un état d'incertitude, de vague, dont parfois elle a conscience. Depuis longtemps déjà sa mémoire est profondément troublée; elle s'inquiétait de son état. Son regard est sans expression, son visage impassible. Notre présence lui est presque indifférente, elle ne songe pas à nous demander ce que nous venons faire auprès d'elle. Nos questions réveillent en elle des souvenirs qu'elle n'eût pas retrouvés seule. «Quand on me dit les choses, je me souviens, répond-elle,» et, c'est parfois avec un peu d'hésitation, mais toujours avec une extrême sincérité qu'elle nous donne des détails sur les faits passés. Elle n'essaie pas d'excuser le meurtre qu'elle a commis, elle ne cherche pas même à donner une explication de cet acte qu'elle dit regretter aujourd'hui, elle a tué parce qu'elle a été poussée à tuer, et qu'elle a été dominée par une irrésistible impulsion. Elle s'est servie du maillet avec lequel l'enfant avait joué dans la soirée, parce que cet instrument s'est trouvé là, sous ses yeux, sous sa main. À ce moment, elle n'a pas eu la pensée qu'elle serait condamnée à mort après avoir tué son enfant, elle a été fatalement poussée au meurtre. Depuis plusieurs jours elle nourrissait cette idée, elle avait pu jusqu'alors la repousser; elle l'avait combattue, et elle a fini par y céder. Il est arrivé chez elle ce qui arrive chez ces malades, la préoccupation délirante a dominé tout à coup ses sentiments, sa volonté, et elle n'a pas été capable de résister à l'impulsion. La femme M... est atteinte d'un accès de délire mélancolique, des longtemps préparé, et dans lequel la lutte contre les idées d'homicide et de suicide a été longue. «Aidez-moi, sauvez-moi, je vois l'échafaud devant moi, disait-elle.» Elle a été vaincue, et rien n'a manqué pour caractériser aussi complètement que possible l'acte délirant. Elle a éprouvé le sentiment comme d'une détente après avoir tué; elle est restée calme, au milieu de l'émotion de tous ceux qui l'entouraient; à ce moment, elle n'avait ni regrets, ni craintes; seule, elle est restée impassible. Elle s'approche du berceau de l'enfant, elle veut le toucher pour voir s'il est mort. «Je ne voudrais pas qu'il souffre trop longtemps, dit-elle.» Elle le regarde, les yeux secs, et comme on lui demandait pourquoi elle, une si bonne mère, elle avait frappé l'enfant qu'elle aimait tant, elle répond:

«C'est moi qui ai fait cela, je ne sais pas pourquoi; je ne voulais plus vivre.»

De ces faits, de l'examen attentif et prolongé auquel nous nous sommes livrés, nous nous croyons autorisés à conclure que:

1° La femme M..., née Sophie B..., était atteinte d'un accès de délire mélancolique avec impulsions homicides et suicides le 12 mai 1808;

2° L'accès n'est pas encore terminé aujourd'hui, et s'il est vrai que la femme M... a pu répondre d'une manière assez précise aux questions qui lui étaient adressées par nous, il est vrai aussi qu'en prolongeant l'examen, nous avons constaté un affaiblissement évident de la mémoire, de la confusion dans les idées, et provoqué une véritable fatigue.

3° Cet accès dont le début remonte à quelques mois et qui dure encore aujourd'hui, avait été précédé, en 1868, d'un accès analogue dont les traces n'avaient jamais complètement disparu.

Nous déclarons donc que la femme M... est depuis longtemps aliénée, qu'elle ne saurait être considérée comme responsable de ses actes, et qu'elle doit être maintenue dans un asile spécial.

Paris, le 20 juillet 1868.

Signé: CH. LASÈGUE, A. MOTET, É. BLANCHE.

Ce fait est un de ceux qui viennent le plus manifestement à l'appui de la proposition que je cherche à établir dans ce travail. On peut y suivre les progrès du mal, depuis le premier accès jusqu'à la crise finale.

D'abord, de simples préoccupations mélancoliques, sans idées apparentes de suicide; puis une tendance habituelle à la tristesse, mais sans délire. Enfin, survient la crise qui s'est terminée par le meurtre, et dans le cours de cette crise, les pensées de suicide se montrent les premières, mais jamais assez dominantes pour déterminer une tentative sérieuse; à ces pensées de suicide, succède l'idée de meurtre; la femme M... avoue à son mari qu'elle a le désir de le tuer; l'impulsion est encore assez faible pour que la malade n'y cède pas; enfin, le mal monte, la surexcitation cérébrale augmente, et l'impulsion devient irrésistible; la femme M... tue son enfant.

Le processus morbide est ici des plus clairs, des plus éclatants, et l'enseignement que ce fait porte en lui-même me paraît sans contestation possible. Conformément à nos conclusions, une ordonnance de non-lieu est intervenue, et la femme M... a été maintenue dans un asile d'aliénés.

MÉLANCOLIE SUICIDE - ACTES DE VIOLENCE -TENTATIVES D'HOMICIDE.

Mademoiselle X... compte parmi ses ascendants plusieurs aliénés dont deux ont péri de mort volontaire.

À l'âge de 20 ans, elle a une première crise de mélancolie qui nécessite son placement dans une maison de santé spéciale. Au cours de cette crise, elle fait plusieurs tentatives de suicide; après quelques mois de traitement, elle se rétablit assez pour pouvoir rentrer dans sa famille.

L'année suivante, nouvelle crise, tentatives de suicide plus graves. Mlle X... s'ouvre une veine du bras gauche et est sur le point de mourir d'hémorrhagie.

D'autres crises se succèdent, avec des intervalles de deux ou trois années, et chaque fois les tentatives de suicide sont plus sérieuses. Mlle X... a recours à tous les moyens pour se tuer. Après avoir cherché à se pendre, à s'étrangler, elle cherche à s'étouffer, soit avec les aliments, soit avec les objets qu'elle peut atteindre avec ses mains, ou avec sa bouche et ses dents; à la promenade, elle se jette à terre et se remplit la bouche de sable et de cailloux, ou d'herbe et de feuilles; elle arrache avec ses dents les boutons des vêtements et les étoffes des meubles qui sont à sa portée, et cherche à les avaler; elle refuse de manger, et on doit la nourrir avec la sonde oesophagienne.

De plus en plus agitée, elle injurie, frappe, pince et mord ses gardiennes et voudrait provoquer une lutte dans laquelle elle espère être tuée. Elle fait plus encore. Elle combine une tentative de meurtre avec guet-apens, et se lamente d'avoir échoué, parce qu'elle comptait que la justice la déclarerait responsable et la condamnerait à mort.

Mlle X... a succombé à une pneumonie.

Madame L... présente tous les mêmes symptômes, et depuis vingt-cinq ans que je lui donne des soins, elle a eu plusieurs crises de mélancolie et a fait de très-nombreuses et très-sérieuses tentatives de suicide. Comme Mlle X..., madame L... a eu des accès de surexcitation pendant lesquels elle a commis des actes de violence et fait des tentatives de meurtre sur les personnes qui la gardaient. Depuis deux ans, elle est habituellement assez calme, elle a toujours le désir de mourir, elle a même parfois encore des moments d'agitation dans lesquels elle se montre disposée à la violence, mais elle est le plus souvent dans un état de passivité; elle croit qu'elle ne peut succomber que dans un cataclysme universel; pleut-il pendant une journée entière, lit-elle dans un journal qu'il y a eu dans tel pays des secousses de tremblement de terre, sa figure s'épanouit, et elle dit, avec une joie mal dissimulée, que c'est le commencement d'un nouveau déluge, que nous allons tous être engloutis dans les eaux, ou dans les profondeurs de la terre. Pendant le Siège et pendant la Commune, Madame L... n'a cessé d'être parfaitement tranquille; elle a déclaré depuis qu'elle était absorbée dans l'espoir d'être atteinte et tuée par un des obus qu'elle entendait éclater nuit et jour.

Ce qu'il importe de relever dans ces deux observations, c'est le progrès constant de la surexcitation et l'intensité de plus en plus grande des accès impulsifs qui se bornent d'abord à des tentatives de suicide pour aboutir à des tentatives d'homicide. Dans ces deux cas, l'impulsion au suicide était devenue la disposition d'esprit habituelle et pour ainsi dire normale des malades; l'impulsion au meurtre est apparue et a été la manifestation d'une surexcitation cérébrale plus prononcée. Les faits de ce genre ne sont pas rares dans la science, mais je n'ai voulu rapporter ici que deux des plus saillants parmi ceux que j'ai observés dans ma pratique personnelle.

Quoique les deux rapports qui vont suivre aient été déjà publiés dans les Archives générales de médecine (numéros de janvier 1875 et 1878), je vais les reproduire. Ces deux documents ont, en effet, leur place marquée ici, puis qu'ils retracent deux des faits principaux qui ont inspiré le travail que j'ai eu l'honneur de soumettre à l'Académie:

Le premier est relatif au nommé Th..., inculpé d'un meurtre commis le 12 juin 1874 sur la personne de la nommée Marie C..., dans un restaurant de la rue Cujas.

Th..., arrêté immédiatement, avait avoué être l'auteur du meurtre, et les conditions dans lesquelles il avait agi étaient telles que la justice crut devoir faire procéder à une expertise médicale sur son état intellectuel.

MM. les Drs Lasègue, Bergeron, et moi, nous fûmes chargés de cette expertise, par ordonnance de M. de Baillehache, juge d'instruction au Tribunal de la Seine, en date du 12 août 1874, et le 13 novembre suivant, nous déposions le rapport qu'on va lire et qui renferme, avec l'exposé des circonstances dans lesquelles le meurtre a été commis, l'histoire pathologique complète de l'inculpé, et les déductions scientifiques qui en découlent. Conformément à nos conclusions, Th..., a été déclaré irresponsable et transféré à Bicêtre.

Th... est de taille moyenne, d'une physionomie assez intelligente, et qui ne présente aucune expression particulière. La longue détention à laquelle il a dû être soumis l'a peu éprouvé, il l'a supportée et la supporte avec plus d'insouciance que de résignation. Dans la prison, où il vit en cellule avec deux autres détenus, il lit, dessine assez correctement et écrit beaucoup. Sa vie est régulière et on n'a eu ni à le soigner pour un malaise intercurrent, ni à le punir pour une infraction à la discipline.

Ses écrits, dont nous reparlerons, consistent en lettres ayant trait pour la plupart à des demandes de vêtements, de tabac. Dans une d'elles, il réclame une chemise blanche afin d'être plus présentable quand le photographe de l'administration viendra; dans une autre, adressée à sa mère, il lui recommande de ne pas s'effrayer, et il termine en réclamant des mouchoirs. L'orthographe est incorrecte, et l'écriture très-variable.

Th... a rédigé des manuscrits auxquels il attache plus d'importance. C'est d'abord un résumé de sa vie, destiné au juge d'instruction chargé de son affaire; c'est ensuite une page romanesque et sentimentale sur les avantages de la vertu. Nous extrayons de ces deux pièces quelques passages significatifs, qui nous dispenseront d'ailleurs d'un exposé biographique.

«Je suis né à Paris, à la maison de correction des femmes de Saint-Lazare (sa mère avait à peine 15 ans). Sur mon bas âge je ne ferai remarquer qu'une particularité: ma mère disparut tout d'un coup de la maison où habitait ma grand'mère. Tout d'un beau jour, j'étais bien petit et ne marchais pas encore. Dans quatre ans plus tard ma grand'mère reçut une lettre avec un mandat sur la poste de 500 francs...; au bout de huit jours, nous reçûmes une autre lettre qui nous disait de l'attendre à la gare Saint-Lazare...»

«À quelque temps de là je suis rentré chez M. B..., instituteur, et au bout de cinq ou six ans je suis sorti, ayant une bonne instruction primaire.

«En 1862, je suis rentré au pensionnat des frères de P..., où je suis resté un an et où j'ai fait ma première communion. Les vacances sont arrivées sans que l'année puisse se signaler par quelque chose de remarquable.»

En 1868, Th... est placé comme externe au collège Ch..., et c'est là, dit-il, en parlant de sa mère dont il incrimine longuement la conduite, qu'il a été bien à même d'apprécier le bien et le mal.

Les ressources de la famille ayant diminué, Th... quitte le collège, revient habiter près de sa mère et est placé, en 1865, chez un fabricant d'instruments de précision, où il reste six mois.

«J'étais tellement malmené, je fus tout de suite dégoûté, et je me trouvai placé à demeure chez M. V..., éditeur d'imagerie religieuse, où je suis resté quatorze mois. Au bout de quatorze mois, je quittai M. V..., avec qui je ne m'étais pas entendu pour les appointements, et je suis entré chez M..., libraire-éditeur, où je ne suis resté que peu de temps.

«Une voisine, qui avait un frère sculpteur, donnait à ma mère le conseil de me faire apprendre la partie: elle se chargeait de me présenter au patron. Ce qui fut dit fut fait, et quelques jours après j'entrais chez M. C..., où je suis resté six mois, encore à cause des mauvaises manières de ma mère à mon égard... Si bien qu'un beau matin, très-exaspéré, je finis par lui dire que je ne voulais plus travailler et ne pensais qu'à m'engager dans la marine. Trois jours après, je partais pour le Havre, où je suis resté quatre jours, et, n'ayant plus d'argent, je suis revenu à Paris à pied en cinq jours. Je n'avais pas pu m'engager au Havre.»

Après un long exposé des difficultés que ce retour précipité lui suscite près de sa mère, Th... raconte qu'il se place d'abord chez un fabricant de biscuit, puis chez un crémier.

«La, j'eus une grande envie pendant près d'un mois d'assassiner la bonne. Je m'arrangeai de manière à la faire venir à la cave au moins sept ou huit fois, sans jamais pouvoir me décider. Je ne lui en voulais cependant pas; nous étions très-bien ensemble. Enfin, à partir de ce moment, j'avais la tête tournée; c'est ce qui fait que je suis parti comme un fou, et je restai cinq jours dehors, vivant de quelques sous que j'avais sur moi et couchant dehors.»

Il revient prendre ses effets, se replace chez un restaurateur, et au bout de quinze jours il entre à l'hôpital de la Charité pour se faire traiter d'un rhumatisme articulaire qui se prolonge pendant deux mois et demi.

À sa sortie de l'hôpital, il est admis dans un pensionnat comme domestique et y séjourne près de huit mois. «J'étais, dit-il, très-bien considéré; malgré cela, mon idée criminelle me poursuivait toujours et ne me laissait pas tranquille. Un élève avait un couteau poignard, j'eus envie bien souvent de le lui prendre et de me sauver.

«À cette époque, j'avais l'idée d'assassiner ma mère, et c'est, je crois, l'idée qui m'a tenu le plus longtemps et ne me laissait pas un moment de repos du côté de l'esprit.»

Il s'enfuit du pensionnat, retourne au Havre pour s'engager dans la marine marchande, revient à Paris où il est arrêté et condamné à trois mois de prison (octobre 1867), pour n'avoir pu payer sa dépense dans un restaurant et avoir refusé d'indiquer son domicile.

À sa sortie de prison, et après un court séjour dans un établissement de patronage, il s'engage dans le corps des zouaves pontificaux. Il déserte après quatorze mois de service, revient à Paris et trouve un emploi de garçon d'office dans un restaurant.

«J'avais fait la connaissance d'une fleuriste; nous nous aimions bien et j'étais heureux, quand l'idée du crime me revint. Tous les jours j'étais prêt à prendre un couteau de cuisine chez mon patron, et cette fois j'avais grande envie de frapper ma mère; je restai dans cette alternative pendant quinze jours.»

Nouveau départ et nouveau voyage au Havre, où il est occupé dans divers restaurants. Il passe l'hiver à Honfleur, revient encore à Paris en mars 1870, et est occupé comme homme de peine chez un brocheur, qu'il quitte bientôt pour devenir ouvrier champignonniste aux environs de Meulan.

De là il rentre à Paris pour s'engager dans un régiment de zouaves qu'il va rejoindre à Alger. Rentré en France, il est libéré le 16 mars 1871. Pendant la Commune, il sert dans les vengeurs de Paris et trouve plus tard une place chez un fabricant de cols. Nouvel engagement dans les zouaves, dont le régiment tenait garnison en Afrique. Il fait la connaissance d'une fille R..., dont il a un enfant. Il quitte régulièrement le service, rentre à Paris avec sa maîtresse, qu'il voulait épouser. Sa mère le détourne de ce mariage, et il perd de vue la femme et l'enfant.

«Tout cela revint me retourner l'esprit, et après vingt-quatre heures de résistance contre moi-même, j'assassinai la fille C... Le malheur que m'avait prédit R... et d'autres personnes le voici: c'est d'avoir assassiné une pauvre femme que je ne connais pas et d'aller passer vingt ans, peut-être ma vie, dans les bagnes.

«Fait à Mazas en attendant jugement, Henri Th..., l'assassin.»

L'autre écrit débute par cette phrase sentencieuse: «Quand l'homme vient au monde, la destinée s'empare de lui: elle le suit dans toutes les étapes de la vie, elle en fait un honnête homme ou un malfaiteur, et quelquefois ce qui est pire, un assassin.» Suit un exposé de la vie heureuse de l'ouvrier vertueux. La destinée a voulu qu'il fût un assassin, qui donc devait-il assassiner? Sa mère, et il termine par le regret de ne pas s'être arrêté, comme il dit, à l'idée précédente.

L'exposé biographique de Th... est exact et n'a été contredit qu'en un point par l'enquête. Son instabilité date presque de l'enfance, et l'excès de mémoire dont il fait preuve dans ses écrits comme dans ses récits, a un caractère pathologique. Il omet seulement une seconde condamnation à 25 francs d'amende pour résistance aux agents et ivresse supposée. Ces deux condamnations sont d'ailleurs les seuls antécédents judiciaires du prévenu.

L'interrogatoire de Th... a eu lieu presque immédiatement après l'accomplissement du crime. Le procès-verbal du commissaire de police du quartier de la Sorbonne fournit les renseignements les plus explicites que l'instruction judiciaire confirme et complète. Il est ainsi possible de suivre pas à pas le prévenu depuis son enfance jusqu'au jour, 26 novembre 1874, où la justice décida de son sort.

Th... entre au restaurant de la rue Cujas pour y prendre un repas. En traversant de la pièce du fond où il avait déjeuné dans celle du devant, il passe près de la fille C... assise à une table et occupée à nettoyer les couteaux. Il met la main gauche sur l'épaule droite de la victime et la frappe en pleine poitrine avec son couteau qu'il tenait de la main droite; le couteau ensanglanté tombe à terre et le coupable sort de la boutique.

B..., qui passait dans la rue Cujas, raconte que Th..., en sortant promptement de la boutique dont il avait fermé la porte avec violence, a commencé par s'enfuir, puis il a marché tranquillement; le témoin et son frère l'ont saisi par le bras en lui disant: «Venez, une dame de la rue Cujas veut vous parler.» Th... s'est retourné et a répondu: «Laissez-moi tranquille, je ne vous connais pas.» Puis il s'est décidé à suivre le témoin.

Arrivé rue Cujas, il a regardé la femme qu'il venait d'assassiner et a dit: «Eh bien oui, c'est moi, ne me laissez pas au milieu de la foule, emmenez-moi au poste de police.» Il a prétendu, ajoute B..., que c'est une monomanie qu'il avait depuis six ans, et que les femmes avec lesquelles il vivait ne se doutaient pas de ce qui les attendait.

Fouillé au moment de son arrestation, Th... est porteur d'un carnet où sont consignées les notes suivantes: «Depuis longtemps, j'ai l'idée du crime. L'envie de donner un coup de couteau date de 65; je voudrais n'être connu de personne et que personne ne se soit jamais intéressé à moi.

«Je suis le plus grand ipocrite que la terre ait supporté; à quoi ai-je été bon jusqu'à ce jour? à rien, c'est le mot.

«Tout le monde se demande pourquoi j'ai assassiné! Tout simplement pour sortir de la situation où je me trouve. J'ai essayé de travailler, de me bien conduire; en un mot, j'aurais voulu être heureux; mais il est écrit dans ma destinée que je dois aller au bagne ou sur l'échafaud. Ainsi, en ce moment, je déjeune et, en même temps, de deux femmes qui se trouvent dans l'établissement, je me demande laquelle je vais frapper. Après le coup fait, je ne demande à mes juges qu'une chose, c'est de me faire couper la tête immédiatement. Le définitif de tout est que, s'il y a un Dieu, il est bien injuste. J'ai voulu bien faire; mais je n'ai jamais pu chasser toutes ces idées de crime!!!»

Interrogé par le commissaire de police, il répond à la question qui lui est posée sur le mobile du crime: «C'est la satisfaction d'une idée que j'ai depuis longtemps.»

«Je n'avais pas choisi de victime spéciale J'ai passé la nuit avec une femme; si je n'en ai pas fait ma victime, c'est par suite de circonstances qu'il m'est impossible d'indiquer, car j'avais déjà ouvert mon couteau et le lui ai montré. Elle l'a trouvé joli, et je n'ai pas osé mettre mon projet à exécution.»

Plus tard, Th... expliquera avec moins de réserves les motifs qui l'ont retenu, et la déposition de la fille avec laquelle il a passé, en effet, la nuit précédente, fournira d'utiles éclaircissements. Th... continue: «J'ai acheté le couteau hier, et j'avoue l'avoir acquis exprès pour satisfaire mes idées de meurtre.

«J'ai écrit les notes que vous me représentez avant et pendant mon déjeuner, et j'ai taillé le crayon avec mon couteau.»

Confronté le soir même avec le cadavre de la fille C..., il indique froidement dans quelles conditions il l'a frappée, et il sourit quand on lui demande si c'est bien lui qui est l'auteur du meurtre. Le commissaire de police a cru remarquer sur le visage de Th... une expression de satisfaction sensuelle en regardant le cadavre et le sang. Tout au moins, ce magistrat ne retrouve pas, chez le prévenu, la tenue accoutumée des coupables dont le crime vient d'être découvert.

La déposition de M. C..., son patron, nous éclaire sur l'attitude de Th... pendant les quelques jours qui ont précédé le 12 juin. Son humeur s'était assombrie, il parlait moins, semblait être plus en lui-même, il avait fait une visite à sa mère et avait eu quelques démêlés avec elle.

Le 11 juin, jour où il est sorti de chez son patron pour faire des courses, il avait l'air préoccupé, absorbé, ne paraissant pas comprendre, faisant répéter les questions. On n'a jamais remarqué qu'il fût enclin à la boisson ou à une excitation quelconque, ni qu'il eût, dans ses actes ou dans ses paroles, la moindre tendance à un dérangement de l'esprit.

Le témoin rappelle incidemment un fait important. Th... lui aurait raconté qu'il aurait déserté, étant aux zouaves pontificaux; qu'un jour ayant été arrêté pour ivresse et mis à la salle de police, il avait simulé un accès de folie, qu'on l'avait transporté à l'hôpital et qu'il avait obtenu un congé de trois mois.

La fille S..., avec laquelle il a passé, en effet, la nuit du 11 au 12 juin, dépose que, pendant la nuit, Th... avait, par intervalles, le sommeil agité. Le 12, au matin, ils ont déjeuné ensemble de pain, de vin blanc et de café au lait que Th... était allé chercher. Puis, sans motif, il a tiré un couteau de sa poche, qui était neuf et joli, ce qu'elle n'a pu s'empêcher de lui dire, à quoi il a répondu que ce couteau lui avait été donné la veille par un de ses anciens camarades de régiment.

Comme la fille S... ne pouvait ouvrir le couteau, il l'ouvrit. Elle était couchée, il était assis au pied de son lit, tenant toujours le couteau à sa main; puis il l'a refermé et remis dans sa poche en disant qu'il servirait.

J'étais un peu émue, ajoute la fille S...; mais il ne fut plus question du couteau et, à 10 heures et demie du matin, il me quitta. À propos de cette déposition, Th...

explique que, s'il n'a pas dit à la fille S... qu'il avait acheté le couteau la veille, c'était pour ne pas lui laisser craindre, de but en blanc, le dessein qu'il avait de l'en frapper. Il n'a pas dit que le couteau servirait. Le soir, son projet était de tuer la fille S...; mais il y a renoncé le matin parce qu'il était dans une maison vaste et habitée où il ne voulait pas risquer d'être arrêté; il ne voulait pas surtout être soupçonné d'avoir tué pour voler, ce qui n'était pas son intention.

Depuis lors, Th... est revenu, à diverses reprises et avec une insistance marquée, sur cette crainte de passer pour un voleur. Le logis de la fille était convenablement meublé, l'armoire était pleine d'effets et, malgré ses dénégations, on aurait eu peine à reconnaître si quelques objets avaient été dérobés. Il se complaît d'ailleurs, en toute occasion, à discuter dans leurs détails les plus insignifiants les dépositions des témoins, à rectifier ce qu'il appelle leurs erreurs, et à exposer lui-même les faits tels qu'ils se sont passés, dans leurs moindres circonstances. C'est ainsi qu'on présence du commissaire de police, trouvant que ses explications n'ont pas été suffisamment comprises, il prend une règle et s'en sort comme d'un couteau pour bien montrer comment a eu lieu l'assassinat,

Au dépôt de la préfecture, où il est écroué, le prévenu conserve le sang-froid qui avait tout d'abord étonné les magistrats, et la conscience vaniteuse de sa personnalité.

Le 16 juin il écrit à sa mère: «Je te demande mille pardons si j'ose t'écrire après le coup que je viens de faire. En attendant que je sois expédié à Cayenne ou à la Nouvelle-Calédonie, très-chère mère, tu voudras bien m'envoyer quelques petites choses dont j'ai besoin. Ce sont les dernières choses que je te demande, ne me les refusent pas, d'abord du papier à écolier, une main si tu le peux, des plumes, un porte-plumes, de l'encre, etc. Je voudrais bien avoir mes souliers napolitains. Ton fils, Henri Th...»

Le 18 juin, il écrit de Mazas une plus longue lettre où se trouve cette phrase: «Crois à une chose, c'est que je ne suis pas fou.»

Le 19, il s'excuse près de son patron d'avoir emporté 40 f., et termine en disant: «Je croyais porter ma tête sur l'échafaud mais je n'aurai que les travaux forcés.» À partir de cette date et pendant le long espace de temps où il est soumis à l'enquête judiciaire et à notre examen, Th... reste identique à lui-même. Pas une crise épileptiforme, pas un malaise ne vient troubler sa santé physique, et rien n'aurait échappé à l'observation intéressée et assidue de ses deux compagnons de captivité.

Une seule fois, il aurait commencé une tentative de suicide. Après le départ de M. J., un de ses anciens protecteurs, qui lui avait adressé quelques reproches, Th..., dit le directeur de Mazas, s'est mis à pleurer. Tout d'un coup, il a voulu s'étrangler avec son mouchoir. Les détenus qui sont près de lui l'ont empêché, en se jetant sur lui, d'exécuter son projet.

La période de sa longue détention préventive à Mazas, du 18 juin au 26 novembre 1874, s'écoule sans incidents sous la plus attentive surveillance. Il passe son temps à écrire des lettres au juge d'instruction, demandant qu'on lui fournisse les menus objets dont il a besoin, écrivant, dessinant, et il dessine avec quelque facilité, causant avec ses codétenus et prenant le rôle de chef de la chambrée. Jamais une plainte n'est portée contre lui pour une infraction à la discipline. Les surveillants le trouvent docile et déclarent qu'ils n'ont rien à lui reprocher. Jamais ils n'ont eu à signaler une crise d'excitation ou de dépression exceptionnelle.

On nous saura gré d'avoir exposé avec un excès de détails l'histoire de Th... Il est rare qu'on puisse suivre ainsi pas à pas toute la vie intime d'un malade. Ces observations prises sur le fait et indéfiniment poursuivies deviennent de véritables matériaux scientifiques.

L'opinion que nous avons exprimée dans notre rapport pourra trouver des contradicteurs ou soulever des objections, mais l'approbation ou la critique portera sur une base solide. [M. le Dr Legrand du Saulle ne partage pas l'opinion que nous avons émise sur la nature de la maladie de Th... (Voir Étude médico-légale sur les épileptiques. Paris, 1877. Page 164).]

De ce rapport très-développé, nous extrayons la partie relative à l'étude pathologique, sans revenir sur les faits que nous venons d'exposer.

Il est évident que, pendant la surveillance prolongée à laquelle il a été soumis, Th... n'a donné aucun signe d'aliénation de nature à justifier une expertise médicale. C'est le fait seul, accompli en dehors de ce qu'on appellerait la technique du crime, qui a éveillé la sollicitude des magistrats.

Mesurer la sanité intellectuelle d'un homme d'après un seul de ses actes est un problème toujours délicat et souvent insoluble. Le médecin expert doit, en principe, faire abstraction du fait et chercher ses éléments de décision dans l'examen direct du prévenu. S'il est démontré qu'il existe une perversion pathologique, le crime ou le délit, quel qu'il soit, cesse d'être le résultat d'une libre délibération, et la responsabilité passe du malade à la maladie.

Il n'est pas toujours vrai que plus un crime est énorme, plus la moralité de celui qui s'en est rendu volontairement coupable est abaissée; il est encore moins conforme à l'observation que l'énormité de l'acte commis par l'aliéné et qui serait criminel pour tout autre, corresponde à l'intensité et surtout à la continuité de la folie. La proposition inverse se rapprocherait davantage de la vérité. C'est par une rare exception que les aliénés qui représentent le dernier degré de la déchéance intellectuelle se livrent à des actes graves, de nature à appeler l'intervention de la justice.

Il convient donc de se dégager de ce préjugé instinctif, mais en contradiction avec l'expérience que la profondeur des troubles intellectuels est en proportion avec les agissements nuisibles qu'ils ont entraînés.

L'étude des rapports de l'acte avec l'état mental de celui qui l'a perpétré a, dans le cas de Th..., une telle importance, que nous nous sommes crus obligés d'exposer les données acquises à la science avant de les appliquer.

En limitant la recherche à l'homicide, les meurtres commis par les aliénés peuvent être classés dans les catégories suivantes:

1° Le malade agit conformément à ses convictions délirantes. Il suppose, par exemple, qu'il est persécuté par un individu dénommé, que cette poursuite sans excuse menace sa vie, et, se considérant dans le cas de légitime défense, il va au-devant d'un assassinat dont il serait victime. Le point de départ a été une conception maladive, mais l'élaboration logique de l'idée s'est faite presque régulièrement.

Th... semble avoir, par intervalles, côtoyé cette forme d'impulsion délirante. Sa mère était, à ses yeux, responsable de ses découragements, de l'infériorité de sa situation, et même de son instabilité de caractère.

L'idée d'en finir avec cet ennemi intime se serait plusieurs fois présentée à son esprit, mais elle n'a jamais reçu que des commencements douteux d'exécution.

Ces accès confus, racontés par l'inculpé, échappent à notre contrôle. En tout cas, il est certain que le meurtre de la fille C... ne se rattache à aucune des modalités pathologiques désignées sous le nom de délire de persécution.

2° L'aliéné faible d'esprit, imbécile, et par suite incapable de résister aux propensions, quelles qu'elles soient, est ou croit être insulté, menacé, violenté, par un tiers. Il obéit à l'instinct brutal, frappe, tue, sans être arrêté par une délibération intérieure au-dessus de ses forces intellectuelles. Là, encore, le crime s'explique par une provocation imaginaire ou vraie. Le tout se fût réduit pour un homme sain à une querelle, mais l'aliéné a perdu le sens de la mesure. De même qu'il eût pu supporter, sans se plaindre, des violences extrêmes, il repousse, par un assassinat, des offenses prétendues ou insignifiantes.

Th... n'est pas davantage dans cette condition. Bien que son intelligence réelle soit fort au-dessous de l'opinion qu'il en a, elle rentre dans une moyenne qui suffit, et au delà, à la gouverne de la vie.

Dans ces deux espèces de meurtre, l'aliéné reste après le crime ce qu'il était auparavant: que le fait nuisible ait eu lieu ou non, l'aliénation se reconnaît, indépendamment des conséquences, aux caractères séméiotiques qui lui sont propres.

3° Il existe des types de folie d'un diagnostic plus complexe et qui fournissent au meurtre l'appoint le plus considérable. Le délire est intermittent, il apparaît par crises plus ou moins prolongées, et ne laisse pas de traces durant les intervalles.

De ce nombre sont les folies toxiques et au premier rang l'alcoolisme aigu. C'est d'ailleurs aux intoxications alcooliques qu'il faut recourir toutes les fois qu'on veut pénétrer dans l'étude approfondie des délires impulsifs se répétant par accès.

Le malade, sous l'influence de l'empoisonnement alcoolique aigu, est pris d'entraînements soudains qui le portent à l'assassinat ou au suicide. L'idée de la mort domine son trouble intellectuel, et même, s'il est inoffensif, il a encore peur de l'échafaud, de la condamnation à une peine capitale, etc. L'acte succède à la pensée, plus ou moins soudain, plus ou moins conforme aux conceptions dominantes qui agitent l'aliéné, mais souvent en désaccord avec l'excitation apparente. On voit alors combien les entraînements maladifs comptent peu avec les lois physiologiques de la moralité humaine; l'alcoolique commet indifféremment un meurtre ou un suicide, et son éclair de violence porte également sur un objet inanimé et sur un être vivant. Th... n'a pas d'habitudes de boisson, ou tout du moins on ne trouve chez lui aucun des signes pathognomoniques qui persistent si longtemps, même après la cessation de l'accès. D'ailleurs, si réduite que puisse être la durée d'une crise d'alcoolisme aigu, elle ne s'épuise pas par le fait du crime accompli, et on n'eût pas manqué de noter, au moment de l'arrestation, un trouble manifeste de l'intelligence.

Les affections cérébrales déterminent des attaques encore moins durables, avec tendance impulsive au meurtre; tel est le cas de certains délires aigus et de l'épilepsie.--L'épileptique frappe sans raison; il tue pour tuer, et ne semble même pas avoir été dominé par la pensée de nuire. Bien que les violences comitiales présentent le plus souvent des caractères distinctifs, il se peut que, dans la précipitation de l'enquête immédiate, ces indices aient échappé.

Étant donné un crime sans motifs, sans explication, et dont l'étrangeté avait frappé les magistrats expérimentés en ces matières, nous avons dû rechercher les moindres symptômes d'une maladie cérébrale à attaques épileptiques ou épileptiformes, et la plus minutieuse investigation n'a fourni que les données suivantes:

Th... n'a ni insomnie, ni tremblements, ni embarras de la parole, ni trouble fonctionnel intermittent ou durable du système nerveux. Sous ce rapport, il est absolument explicite, et, d'ailleurs, il ne paraît pas supposer qu'on puisse jamais tenir pour aliéné un homme tel que lui.

Les pupilles sont inégalement dilatées, la vision de l'oeil gauche est affaiblie, mais l'examen ophthalmoscopique, qu'il serait inutile de reproduire, a permis d'exclure une lésion encéphalique se propageant à la trame nerveuse du fond de l'oeil.

En remontant dans le passé, Th... raconte qu'à diverses reprises il a été frappé d'un vertige subit avec perte de connaissance. Une attaque de ce genre aurait eu lieu pendant une revue, à l'époque où il servait comme zouave en Algérie. De pareilles défaillances se seraient produites depuis lors, mais à de rares intervalles, moins intenses, et n'entraînant à leur suite aucun désordre physique ni moral, même passager.

Bien que ces indications, les seules que nous ayons été à même de recueillir, ne soient pas sans valeur, elles ne suffiraient pas à motiver le diagnostic d'une épilepsie larvée, si tant est que ce diagnostic puisse être, dans l'état actuel de la science, sûrement établi. Il resta acquis seulement que Th... a présenté des phénomènes cérébraux qui, pour être accidentels et transitoires, n'en ont pas moins de gravité et constituaient une vague menace pour l'avenir.

4° Est-on autorisé à admettre une dernière classe de malades poussés au meurtre par une violence irrésistible et passagère, sans autres perversions physiques ou psychiques constatables durant l'accès, sans troubles caractérisés de l'intelligence après la crise? À cette question, aucun médecin ne peut hésiter à répondre par l'affirmative.

Des exemples nombreux, observés, analysés, commentés par les plus éminents observateurs, ont été publiés, et quelques doutes qui s'élèvent sur leur interprétation, leur authenticité est restée hors de discussion.

Il nous serait aisé de rapporter une série de ces faits probants, si les preuves de ce genre n'excédaient l'étendue d'un rapport médico-légal.

Les aliénés qui rentrent dans cette catégorie obéissent à des impulsions limitées. Aucun n'agit sans la pression d'une vague tendance qui le porterait, comme dans les espèces précédemment énoncées, à n'importe quelles violences. Chaque fois que la crise se répète, elle a lieu sous la même forme, avec les mêmes appétits et les mêmes aboutissants. Tantôt moins intense, elle s'épuise d'elle-même; tantôt elle s'éteint après un commencement d'exécution avortée; tantôt, au contraire, portée à son maximum, elle ne cesse qu'après l'accomplissement de l'acte commandé par ce délire de sentiments. Il en est ainsi, d'ailleurs, de l'épilepsie, des folies toxiques et de la plupart des maladies à accès, qui varient de degrés sans changer de types.

Si les attaques sont plus ou moins intenses, elles sont également plus ou moins fréquentes et plus ou moins durables.

De longues périodes, des années, peuvent s'écouler sans qu'elles se renouvellent; elles sont instantanées, fugaces, ou au contraire elles se prolongent pendant des journées et des semaines, croissant par une progression continue ou soumises à des oscillations.

Elles diffèrent des crises épileptiques par un caractère essentiel: les malades n'ont pas perdu la conscience, ils se souviennent, et ils sont en mesure de raconter leur accès souvent jusque dans les moindres circonstances,

Leur description uniforme permet d'instituer la séméiologie de ces attaques. L'impulsion consciente s'exprime tout d'abord ou par la pensée obsédante, ou même par la crainte de commettre l'acte qui répond au délire. Peu à peu s'adjoint à cette idée dominante une sorte d'état vertigineux qu'on retrouve dans tous les appétits maladifs, mais qui n'abolit pas l'intelligence. Aux premiers stades, le moindre obstacle peut devenir un empêchement, une diversion puissante suspend ou supprime la crise; la moindre cause d'excitation, qu'elle soit morale ou physique, la redouble, et ces causes varient suivant l'objet spécial de l'impulsion délirante. L'acte ainsi préparé, même dans les formes en apparence les plus instantanées, prend un aspect de préméditation qui répond à cette façon d'élaboration successive. La soudaineté de l'épilepsie, moins absolue d'ailleurs qu'on ne le suppose, n'admet pas au même degré ces indécisions et surtout ces retardements dans l'exécution de l'acte. L'action une fois commise, la crise non épileptique cesse d'ordinaire presque soudainement, et le malade, rentré en possession de son activité intellectuelle, peut être assez maître de lui-même pour s'évader ou pour combiner les moyens d'échapper aux recherches. On s'explique ainsi comment dans les faits d'impulsions incendiaires ou de kleptomanie, le coupable se soustrait si souvent même aux soupçons.

On aura complété la caractéristique sommaire de l'accès propulsif en ajoutant qu'il aboutit presque toujours à un crime ou à un délit inexplicable. L'aliéné n'était animé ni par une passion, ni par un intérêt, et le hasard seul a désigné la victime. Pour l'homicide tout au moins, les choses se passent ainsi, sauf de rares et contestables exceptions. Qu'on relève les faits consignés dans la science, et on sera frappé de la part qui revient à l'imprévu; il suffit que l'occasion soit venue au moment où, pour ainsi parler, la crise était mûre.

Si l'appétit du meurtre procédait seul par accès, l'analyse en serait contestable, mais il existe des propulsions moins violentes, et qui, ne sollicitant l'émotion ni du malade ni de l'observateur, s'arrêtent à mi-route ou se résolvent en des actions moralement insignifiantes, et se prêtent à un facile examen. Or, conformément à la règle que nous avons rappelée et qui trouve ici son application, l'énormité de l'acte n'a, malgré son importance sociale, aucune signification pathologique.

Pour citer une preuve: que de fois il arrive, et en particulier dans les délires toxiques ou épileptiques, que dans le cours de crises successives, le même malade soit entraîné tantôt à l'homicide et tantôt au suicide. Pourvu qu'il y ait mort d'homme, son appétit est satisfait.

Après la crise, la situation mentale ne présente rien de caractéristique. Il est certain que le médecin le plus expérimenté, mis en présence d'un de ces aliénés intermittents, ne soupçonnerait pas l'étendue du désordre latent ou expectant. Il en est de même dans un si grand nombre d'affections, que ces suspensions complètes rentrent dans la définition des intermittences pathologiques. Le crime ou la violence accomplie, on ne retrouve que des indices incertains dont la trace eût échappé sans ce solennel avertissement.

Th... appartient à la catégorie dont nous venons de retracer successivement les principaux caractères. Son histoire médicale, jusqu'au jour de l'assassinat, s'est passée sans témoins dans l'intimité de son for intérieur; force est donc de s'en rapporter aux renseignements qu'il fournit sur lui-même. Nous n'hésitons pas à admettre la sincérité de son dire, et parce qu'il n'essaie ni de se justifier, ni de s'excuser, et parce qu'il reproduit les formules accoutumées des aliénés impulsifs. Les crises se sont reproduites à d'assez rares intervalles; il en a été exempt pendant les deux années qu'il a passées en Afrique. À son jugement, sa mère aurait une large part de responsabilité, à cause de l'éducation défectueuse qu'il a reçue. Le contact avec sa mère entretiendrait chez lui une irritabilité toute favorable au développement des accès. Ce sont là de simples interprétations qu'il n'invoque pas d'ailleurs pour s'excuser de son crime. Th..., raconte complaisamment l'évolution de la crise qui s'est terminée par le meurtre de la fille C... Il en suit les péripéties, on pourrait presque dire les ondulations. La veille, l'idée d'assassiner une fille publique l'avait poursuivi; il en a été détourné par la pensée qu'on l'accuserait d'avoir tué pour voler. Le lendemain, obsédé comme la veille, mais sans avoir perdu la conscience, plus entraîné que vertigineux, capable d'écrire sur son carnet les lignes que nous avons reproduites, il a frappé au hasard. Le restaurant lui était aussi inconnu que la victime; la jeune servante se présente et il ne résiste plus. C'est d'ailleurs un fait commun que ces meurtres aient pour objet un enfant, un individu jeune, exceptionnellement un vieillard. Th... était conscient de l'impulsion avant le crime, il se souvient de ce qui s'est passé à la suite, et ne conteste aucune des allégations du procès-verbal.

Si, laissant de côté l'attaque et la période qui l'a suivie immédiatement, on étudie l'état mental actuel du prévenu, on s'étonne de voir combien il s'écarte des autres criminels ordinaires. Il cause du meurtre librement, sans émotion, sans repentir, comme s'il s'agissait d'un meurtre commis par un autre. Dans les longs entretiens que nous avons eus avec lui, il semble que son passé lui soit étranger, et la conception de l'avenir est encore plus confuse. Vaniteux, convaincu qu'il était doué de qualités auxquelles on n'a pas donné l'occasion de se développer, emphatique dans l'expression de ses vertus sentimentales, il est, lorsqu'on lui parle du lendemain, plus imprévoyant qu'un enfant: la prévision réfléchie est évidemment au-dessus des forces de son intelligence. Son autobiographie, qu'il signe non sans quelque orgueil du nom de Th... l'assassin, donne, par certains côtés, une notion vraie de son état mental, à l'exception de ses défaillances enfantines. Indifférent au crime, il ne l'est pas à des caprices puérils, et il demande avec plus d'instance une épreuve de sa photographie qu'un renseignement sur l'avenir qui lui est réservé.

Hors de là, pas de traces de délire, pas d'indices de maladie physique; s'il avait été arrêté sous l'inculpation d'un délit de vagabondage, on accorderait qu'il se maintient dans la mesure presque normale.

En déclarant Th... aliéné sous la forme que nous avons longuement exposée, en affirmant que, pendant la crise, il avait perdu son libre arbitre pour subir une impulsion maladive, nous ne nous référons pas seulement à la saisissante bizarrerie du crime, mais nous empruntons à l'observation du malade, prolongée pendant des mois, les considérants de notre opinion médicale.

Th... nous a présenté les symptômes d'une maladie classique, dont nous avons cru devoir retracer les traits essentiels; il était aliéné quand il a accompli le crime; il est aujourd'hui dans une période d'intermission et sous la menace de rechutes dont la date à venir où l'intensité échappe à toute prévision.

Pour résumer en peu de mots le diagnostic dont nous venons de reproduire les considérants, Th... n'est pas atteint d'une épilepsie larvée.

Si on veut classer sa maladie sous la rubrique de cette espèce morbide, il faut en étendre indéfiniment la définition.

En dehors de l'épilepsie, qui explique le plus grand nombre des cas de délire par accès aboutissant à des violences, il est nécessaire de maintenir le type, admis par tant de maîtres ou d'observateurs éminents, du délire impulsif non épileptique.

AFFECTION CÉRÉBRALE GRAVE DANS LA PREMIÈRE ENFANCE - BIZARRERIES - IDÉES D'EMPOISONNEMENT ET DE PERSÉCUTION - ACCÈS D'INTENSITÉ DIFFÉRENTE SÉPARÉS PAR DES INTERVALLES DE LUCIDITÉ PRESQUE ABSOLUE - CRISE ABOUTISSANT À UN MEURTRE - RESPONSABILITÉ ATTÉNUÉE.

M. le Dr Lasègue et moi, nous avons été commis, par ordonnance de M. E. Saffers, juge d'instruction près le Tribunal de première instance de la Seine, en date du 18 mai 1877, a l'effet de constater l'état mental du nommé C..., Jules, âgé de 41 ans, inculpé d'avoir volontairement commis un homicide sur la personne de la veuve C..., sa mère légitime.

Voici d'abord l'acte d'accusation, qui donne des faits un résumé succinct, mais complet:

La dame C... est devenue veuve en 1857; elle avait quatre fils: Jules, l'accusé; Eugène, Charles et Émile; Charles était en ce moment à l'armée. Les deux frères, Jules et Eugène, ont demeuré pendant sept années avec la mère de famille, l'aidant dans l'exploitation de son commerce de boucherie.

Émile s'était engagé de bonne heure, et il est encore musicien dans un régiment, Eugène avant été appelé au service militaire, l'accusé est resté seul auprès de la veuve C... jusqu'en 1872, époque à laquelle elle a vendu son fonds. En février 1876, Eugène a acheté un étal, il a pris avec lui sa mère et son frère Charles.

En 1873, de graves mésintelligences se sont élevées dans la famille: Jules et Émile, cédant aux conseils d'un agent d'affaires, ont demandé la liquidation de la succession de leur père, qui était restée indivise du consentement de tous. Cette opération a été terminée le 14 mai 1875. Elle paraît avoir entraîné des frais considérables et a donné lieu à de nombreuses difficultés entre les co-partageants. Le notaire qui en a été chargé affirme que déjà, à cette époque, l'accusé avait manifesté des sentiments de vive animosité contre sa mère. Charles et Eugène, qui étaient restés en bons rapports avec la veuve C., ont renoncé à prélever ce qui leur revenait, Jules et Émile ont reçu chacun 250 francs, montant de leur part héréditaire.

À partir du règlement de leurs intérêts, toutes les relations avaient à peu près cessé entre l'accusé, sa mère et ses frères Charles et Eugène. Sa haine avait persisté, et il ne craignait pas de dire à un témoin qu'il en voulait à sa mère jusqu'à la mort. Il n'avait pas paru depuis six mois environ à l'étal de la rue d'A., lorsqu'il s'y présenta le 7 mai dernier, vers 4 heures et demie du soir. Il resta d'abord silencieux, refusant de répondre aux questions qui lui étaient adressées, et regardant ses frères vaquer à leurs occupations. Pendant ce temps, la veuve C... était assise à la caisse, dans l'arrière-boutique. Au bout d'une demi-heure, il s'approcha de sa mère et se mit à causer avec elle. La conversation ne paraissait pas fort animée. À ce moment, Eugène s'était éloigné pour faire une course aux environs. Charles était seul et lisait un journal. Tout à coup il entendit un bruit sourd, semblable à celui que produit un coup porté avec violence. Il s'élança dans l'arrière-boutique et trouva sa mère renversée sur le côté gauche, la tête appuyée sur une chaise; elle venait d'être frappée à la tempe par l'accusé. En même temps, il arracha de la main droite de celui-ci une corde enroulée autour du poignet, et à l'extrémité de laquelle se trouvait attaché un poids d'un kilogramme. Aux reproches que lui adressait Charles, Jules répondit,: «Ce n'est pas à toi ni à mon frère que j'en veux, c'est à ma mère; je m'en vais chez le commissaire de police.»

Charles courut chercher du secours; Jules sortit et fut, peu d'instants après, arrêté dans la rue.

La veuve C... est morte le 11 mai des suites de ses blessures. Le médecin chargé de l'autopsie a constaté qu'elle avait succombé à une fracture multiple de la région pariétale droite, compliquée d'enfoncement des fragments, d'épanchement de sang intra-cranien, et de contusion cérébrale étendue.

Mis en présence du cadavre de sa mère, l'accusé n'a manifesté aucune émotion. Il a reconnu qu'il avait prémédité son crime et qu'il avait acheté, à la fin d'avril, un poids et une corde avec l'intention de s'en servir pour frapper sa mère. Il a ajouté que celle-ci lui avait, le 7 mai, parlé d'affaires de famille, et l'avait provoqué en lui reprochant de l'avoir mise sur la paille.

Dans son interrogatoire, il a modifié ses premières déclarations. Il a prétendu que, lorsqu'il s'était procuré la corde et le poids, il n'était pas animé d'intentions coupables. Il croyait la veuve C... propriétaire du fonds de la rue d'A.; le 7 mai, il s'était rendu après d'elle pour lui demander de le prendre avec elle, et il s'était muni de son arme pour s'en servir si elle refusait. Cette idée de meurtre, ajoute-t-il, l'avait abandonné à son arrivée à l'étal. Sa mère lui avait dit, dans leur conversation, que, par sa faute, elle était sans ressources et obligée de travailler chez les autres. Il avait cru qu'elle se moquait de lui, et il l'avait frappée.

À raison de certaines bizarreries, constatées par l'information dans la vie de Jules C..., son état mental a été l'objet d'un examen médical. MM. les docteurs Lasègue et Blanche ont reconnu chez lui tous les signes d'un trouble intellectuel réel. Cependant, tout en faisant à sa responsabilité une part fort restreinte, ils ne vont pas jusqu'à l'exonérer complètement.

Voici maintenant le rapport:

C... est un homme robuste, qui ne présente, malgré la recherche la plus attentive, aucun indice d'une malformation congénitale. En le soumettant à une inspection minutieuse, on ne trouve pas de traces d'affections antécédentes, mais on constate à la nuque deux cicatrices produites par un séton.

L'inculpé déclare avoir été malade dans son enfance, et, une fois guéri de ces accidents, avoir joui d'une santé irréprochable.

L'enquête à laquelle nous nous sommes livrés apprend, en effet, conformément à l'instruction judiciaire, que tout enfant, vers l'âge de 2 ou 3 ans, C... a subi des accidents cérébraux graves, attribués à une chute, et qui ont exigé un traitement de plusieurs années. Le séton, et c'est un dérivatif commandé seulement par des lésions profondes et menaçantes, aurait été employé pour combattre cette affection rebelle.

La vie pathologique de C... s'explique par cette première atteinte. Un long répit, simulant la guérison réelle, a succédé aux manifestations initiales; l'inculpé a pu vivre de la vie commune, apprendre à lire et à écrire sans trop de difficultés, mais il n'a jamais guéri complètement. De même que les enfants dont le cerveau est mal conformé restent sujets pendant toute leur vie à des troubles encéphaliques, de même ceux qui ont traversé au premier âge une maladie cérébrale indélébile, demeurent des infirmes intellectuels. C'est à cette dernière catégorie qu'appartient l'inculpé, et si on ne tenait compte de ses antécédents, son état mental aérait inintelligible.

On retrouve, en effet, chez lui, les signes caractéristiques de ces perversions secondaires. Physiquement, son développement est normal; il semble qu'il se soit fait deux parts, l'une de l'évolution corporelle qui s'est poursuivie sans entrave, l'autre du développement des facultés morales, tantôt suffisant, tantôt défectueux, mais toujours irrégulier, et n'assurant, aucun moment de son existence, l'équilibre des fonctions.

C... adolescent ou parvenu à la période stable de la vie, n'est ni un aliéné, ni un homme semblable aux autres. Sobre en toutes choses, poussant, on pourrait dire, la sobriété à un excès qui répond à l'indifférence, il n'a jamais bu malgré les entraînements de son milieu; on ne lui a pas connu de maîtresse, et lui-même déclare, avec une sincérité dédaigneuse, n'en avoir jamais voulu.

Étranger à son alentour, il s'isole instinctivement pour obéir à ses goûts très-limités, sans rien sacrifier aux aspirations des autres. Son appétit dominant est de se livrer aux exercices gymnastiques qui témoignent de la force musculaire. Dès son adolescence, il descend seul dans la cave de la maison et soulève des poids de plus en plus lourds; c'est la qu'il passe ses heures de loisir, acceptant de temps en temps la lutte avec de rares camarades pour avoir la mesure comparative de sa force. Encore aujourd'hui, on lui fait oublier la gravité de sa situation en rappelant ces souvenirs. Plus âgé, il sollicite la permission de se produire dans les fêtes publiques comme athlète. L'autorisation lui est refusée parce que les renseignements recueillis n'inspirent pas confiance, et il a gardé, au fond de son coeur, rancune de ce refus.

C... n'a pas d'amis, même dans sa famille; il est sombre, taciturne, inquiétant, au dire de tous les témoins, bien qu'il n'ait été ni agressif, ni injurieux pour personne. Il dort peu et mal, sans qu'on puisse rapporter cette insomnie à des habitudes alcooliques: le vin lui répugne, il n'en boit ni seul, ni en compagnie. Sur ce fond qui représente déjà un état maladif, se dessinent de temps en temps des crises mal définies, des absences, des frayeurs, des hallucinations confuses. Il reste absorbé pendant des heures ou des journées, et semble sous le coup d'anxiétés dont la raison échappe, puisqu'il se refuse à toute confidence. Ces accès surviennent la nuit comme le jour; tantôt il s'enferme dans sa chambre avec un luxe de précautions, tantôt il se lève à des heures indues et sort vêtu comme s'il allait à l'abattoir.

On cite dans l'instruction des singularités sans nombre et toutes significatives. Pendant la guerre il revêt un costume bizarre, des guêtres blanches avec des rubans noirs; après la commune, il ne se couche pas sans avoir une fourche dans sa chambre; un jour il lacère son portrait à coups de couteau, une autre fois il passe la nuit à laver son linge en chantant et en riant aux éclats. On sent que C... se maintient en défiance contre des obsessions ou des dangers sur lesquels il ne s'explique pas.

C'est au plein de ce désordre sournois, et par conséquent latent, de l'intelligence, que surviennent deux événements, l'un réel, l'autre imaginaire, et qui paraissent avoir exercé sur l'esprit de C... une énorme influence. Son père meurt, et l'inculpé reste avec sa mère qu'il seconde dans son commerce de boucherie et qui subvient à tous ses besoins.

Un jour, en 1864, C... se rappelle à la fois la date et le fait, on lui sert une assiettée de soupe d'un goût saumâtre; à peine en a-t-il goûté quelques cuillerées qu'il reconnaît, dit-il, la saveur du vitriol. Il s'aperçoit qu'on l'a servi à part, que sa mère s'est réservé une portion qu'elle n'a pas puisée à la soupière; la soupe est jetée aux ordures; mais la nuit, C... éprouve de la diarrhée, des douleurs d'entrailles; il a été empoisonné par sa mère. Six mois plus tard, on lui donne du vin qui contient encore du vitriol. Vers 1868, on lui sort une côtelette qu'il trouve toute préparée sur son assiette en venant dîner. La viande recouverte d'une écume blanchâtre a un goût particulier; on l'a arrosée de nitrate d'argent acheté soi-disant pour nettoyer les couverts.

Encore un empoisonnement organisé par sa mère!

Ces prétendues tentatives s'imposent à son esprit sous la forme habituelle aux conceptions délirantes. «Je n'ai pas de preuves, répète-t-il, et je le sais bien, mais ce sont des faits, puisque j'ai été malade après le repas.»

À toute objection il répond: «Vous avez raison contre moi, je ne peux rien prouver» et n'en demeure pas moins convaincu.

Les épreuves de ce genre ne se sont pas multipliées; il cite les trois qui viennent d'être rappelées et pas une de plus. Leur souvenir ne l'obsède pas, mais à son heure, quand vient la crise d'excitation haineuse, il utilise ses réminiscences et s'en fait à la fois un encouragement et un argument.

Dix-sept ans après la mort du père, C... qui a ruminé ses griefs, demande des comptes à sa mère, soit spontanément, soit incité par des agens d'affaires.

La succession est liquidée après un assez long délai, sans querelles, sans violences de paroles incompatibles avec la froideur sèche de l'inculpé. C... passe une année dans l'oisiveté, vivant de peu, presque de rien, ne demandant d'assistance ou de pitié à personne, et se suffisant avec une dépense de quelques centimes chaque jour. À bout de ressources, il entre comme ouvrier dans une fabrique d'huile de pieds de boeufs à Grenelle; son gain est limité, son existence absolument solitaire et monotone. Les récits des voisins sont conformes à ceux des habitants du quartier où s'est passée sa jeunesse. Même mutisme, mêmes accès d'appréhension, mêmes actes de défiance inquiète; sa porte est verrouillée chaque soir; il lui arrive de mettre la commode en travers pour défendre l'entrée de sa chambre; il garde un nerf de boeuf à la tête de son lit; on en a peur, bien qu'il ne donne prise à aucun reproche.

C'est à la fin de cette longue période d'éloignement volontaire que C... achète la corde et les poids qui serviront à commettre son crime. Il hésite pendant des semaines, et son indécision rappelle celles qui précédent si souvent les suicides. Le samedi 5 mai, contrairement à ses habitudes, il ne se rend pas le matin à l'usine; l'après-midi, il fait régler son compte par le patron. Son idée est, dit-il, de reprendre sa profession de boucher. Le dimanche il se promène au hasard dans Grenelle, pensant à sa mère, à ses différends passés, à ses arrangements vagues d'avenir. Le lundi, il va à la Villette, incertain de ses intentions, plaidant en lui-même le pour et le contre, allongeant le chemin pour assurer ses idées. C... raconte ses hésitations avec une sorte d'insouciance, mais son récit est si conforme de tous points à ce qu'enseigne l'observation, qu'il ne laisse pas matière à un doute. Le crime accompli, et nous n'avons pas à redire comment il l'a été, la crise est épuisée.

C... se dénonce lui-même. Confronté avec le cadavre de sa mère, il ne marque aucune émotion et semble se complaire, alors comme aujourd'hui, à énumérer les motifs qui l'ont fait agir.

Ajoutons que depuis 1875, C... a subi une transformation inconsciente dont témoignent des preuves positives.

Jusque-là, il avait vécu correct dans la forme, étonnant par ses allures tous ceux qui se trouvaient en contact avec lui, mais ne donnant prise à aucune plainte.

En septembre 1875, il est arrêté et condamné pour vagabondage; le 24 et le 28 décembre de la même année, le 3 janvier 1878, nouvelles arrestations pour le même délit.

Pour qui a pu suivre l'existence de ces malades atteints d'une lésion cérébrale larvée et qui ne prend pas les aspects de la folie, ces défaillances répétées à courts intervalles accusent un état de mal et une préparation à des troubles plus menaçants, sans que ni l'inconduite, ni la débauche, n'aient fourni leur appoint ou, pour ainsi dire, leur excuse.

À Mazas, où il est soumis à une surveillance assidue, où nous avons multiplié nos visites, C... ne se dément pas. Tantôt parleur, tantôt silencieux, sombre avec ses compagnons de captivité qui s'en effrayent, incapable de mesurer la valeur et la portée de ses actes, toujours sur la défensive, interrogeant du regard avant de répondre, ne questionnant jamais, convaincu à la fois qu'il a eu tort en fait, mais qu'en principe il avait raison, nous ne l'avons pas surpris, plus que les surveillants, en proie à un accès de délire, en dehors de ses réminiscences d'empoisonnement.

Est-ce à dire que l'inculpé jouisse de sa raison pleine, et doive être considéré comme entièrement responsable? nous ne le croyons pas.

C... rentre dans une catégorie de malades qui représentent une exception dans la population courante des asiles.

Jusqu'au jour où un acte étrange, un crime inexplicable a contraint de se poser la question de leur sanité d'esprit, ils passent pour des gens bizarres et n'appellent pas de mesures coercitives.

Expansifs, violents comme quelques-uns, ou sombres comme C..., ils éveillent une impression vague, mais ne justifient pas une conviction précise. On a peur d'eux, sans savoir d'où naît et où peut aboutir cette crainte. Les médecins les plus expérimentés ne vont pas et ne doivent pas aller au delà. C'est quand l'explosion a eu lieu qu'on remonte vers le passé et qu'on découvre la maladie qui a couvé à l'insu du malade.

Les épileptiques représentent l'expression la plus achevée de ces affections cérébrales impulsives revenant par accès, mais il s'en faut qu'ils en représentent le seul type.

C... n'est pas épileptique; ses crises cérébrales n'ont ni l'instantanéité, ni l'inconscience, ni l'imprévu des attaques comitiales. Lentes dans leur évolution, elles se préparent plus ou moins longuement; beaucoup d'entre elles avortent, et le trouble se réduit aux impulsions inoffensives que nous avons énumérées. Le jour où la crise finale éclate, après une incubation durable, elle emprunte à l'épilepsie quelques-uns de ses caractères.

Pour affirmer la maladie, il faut trouver réunis les deux éléments; celui de la lésion cérébrale permanente, et celui de la propulsion plus soudaine en réalité qu'en apparence, et qui clôt l'accès. On ne saurait méconnaître que ces deux ordres de symptômes décisifs existent chez C..., et c'est pour en prouver l'existence que nous avons dû dresser le long exposé qui précède. L'affection cérébrale, traumatique ou non, mais qui a débuté dans la première enfance et s'est prolongée pendant des années, a été l'origine certaine du mal. À partir de son invasion, C... est devenu et est resté un malade. Dans les intervalles demi-lucides, on le trouve ombrageux, plus troublé de caractère que d'intelligence, capable de dissimuler ses tendances, ou incapable de les affirmer. Aux périodes critiques, il se laisse d'abord entraîner à un délire limité de persécutions, puis il s'excite à froid, peu à peu, au hasard des irritations, méditant dans le vide les événements dont il se croit victime, plus ruminant que raisonnant, mais dans un stade comme dans l'autre, hors d'état de préserver absolument sa liberté de pensée ou d'action.

Ces oscillations confuses de l'intelligence excluent les délires continus, mais pour se produire sous un autre aspect, et tout en ne répondant pas à la définition populaire de la folie, le désordre n'en est pas moins profond.

Notre avis formel est que la maladie cérébrale dont C... est atteint, et dont nous avons énoncé les principaux signes, annule chez lui la responsabilité presque complètement.

CH. LASÈGUE, É. BLANCHE.

Conformément à ces conclusions, C..., comparut devant les assises et fut condamné à huit ans de travaux forcés, le jury et la cour ayant admis, suivant notre avis, la maladie à titre d'atténuation.

Voici enfin quelques-unes des réflexions si éminemment instructives et intéressantes dont M. le Dr Lasègue a accompagné ce rapport:

«C... n'était certainement pas dans un état d'aliénation continu tel que la vie sociale lui fût interdite. Était-il sujet à des crises qui le privaient à des degrés variables, ou de la conscience de ses actes, ou de la libre délibération sans laquelle aucun acte n'est volontaire?

Les perversions permanentes de l'intelligence prêtent peu à la discussion. Elles sont ou ne sont pas. À l'égal des affections organiques du coeur, elles appartiennent à toute heure à l'observation. Que la maladie soit aiguë ou chronique, qu'elle se montre dans un paroxysme ou durant une rémission, ce sont des différences de degré; le fond demeure et se constate.

Il en est autrement, au point de vue médico-légal, des formes intermittentes où les accès sont séparés par des intervalles de santé morale, absolue ou relative. L'expert, qui n'est plus un témoin, ne dispose que de renseignements douteux, et son enquête rétrospective n'a pas la certitude que comporte une constatation directe.

L'épilepsie est le type suprême des délires à brusque invasion et à cessation non moins brusque; on a rendu à la science un signalé service en l'étudiant sous ses modalités d'ailleurs peu variées, mais on s'écarterait de la vérité en la représentant comme représentant tous les cas possibles.

Déjà, à l'occasion d'un procès criminel des plus dramatiques (affaire Th...; Archives générales de médecine, janvier 1875) nous avons, le Dr Blanche et moi, montré que des crises impulsives, épileptoïdes par quelques-uns de leurs caractères, plus soudaines en apparence qu'en réalité, se prolongeant pendant des heures et des journées, pouvaient survenir en dehors de toute atteinte d'épilepsie vraie.

Le cas de C... appartient à une autre espèce.

Tous les médecins savent qu'un homme frappé par une affection cérébrale profonde se manifestant par des symptômes comateux, délirants, paralytiques, convulsifs, guérit de la crise sans guérir forcément de la maladie. Après des semaines, des mois, des années, apparaissent de nouveaux accidents reliés à l'attaque initiale par une attache pathologique incontestable. Ce ne serait pas excéder la vérité que de dire que la guérison absolue est plus près de l'exception que de la règle; la comparaison populaire du feu couvant sous la cendre s'applique à merveille à ces espèces banales. C'est à cette catégorie qu'appartient C..., frappé d'une affection cérébrale énorme dans son enfance, étrange, incomplet, pendant sa vie, soumis à des poussées inégales quant à leur intensité ou à leur durée, variables quant à leur forme, et dont notre rapport donne un aperçu sommaire.

En résumé, l'espèce dont je viens de résumer les principaux traits se reconnaît aux caractères suivants: ictus initial, répétitions de crises séparées par des intermissions ou des rémissions plus ou moins complètes et plus ou moins durables, ne se reproduisant pas sous un type et avec une durée obligatoires, soit chez les divers individus ainsi frappés, soit chez le même malade.»

Dans ce fait, il ne s'agit pas, comme dans ceux qui précèdent, d'un inculpé dont le trouble mental fût assez accentué pour entraîner l'irresponsabilité. C... n'est certainement pas un homme dont les facultés intellectuelles soient saines et normales; il a même présenté de véritables accès de délire, mais il ne nous a pas semblé qu'il ait agi sous l'influence exclusive et directe d'un trouble de la raison, et nous avons dû lui attribuer une responsabilité atténuée.

Cette observation sert de transition entre les irresponsables, et les inculpés à responsabilité atténuée ou entière, dont je vais citer encore quelques exemples pour compléter ce travail.

TENTATIVE DE MEURTRE PAR UN JEUNE HOMME ÂGÉ DE MOINS DE 16 ANS SUR SON FRÈRE CADET, AVEC PRÉMÉDITATION ET GUET-APENS - HÉRÉDITÉ - MALFORMATION CÉRÉBRALE CONGÉNITALE - ÉDUCATION DÉFECTUEUSE - RESPONSABILITÉ LIMITÉE.

Nous, médecins soussignés, commis par ordonnance de M. A. Guillot, juge d'instruction près le Tribunal de la Seine, en date du 7 mai 1877, à l'effet d'examiner au point de vue de l'état mental le nommé J..., Louis, inculpé de tentative d'homicide avec préméditation et guet-apens sur la personne de son frère, après avoir prêté serment, avoir souvent et longuement visité l'inculpé à la Petite-Roquette, avoir recueilli des renseignements sur ses antécédents personnels et de famille, et avoir lu attentivement toutes les pièces du dossier, avons consigné le résultat de notre examen et de nos investigations dans le présent rapport:

J..., Louis, né le 16 septembre 1861, apprenti potier d'étain, est d'une famille où se sont produits des cas nombreux d'aliénation mentale et d'affections cérébrales. Sa grand'mère maternelle est morte aliénée à la Salpêtrière; une tante maternelle aliénée, placée à l'asile de M..., s'est pendue; un oncle maternel a été atteint, l'année dernière, d'un accès de mélancolie suicide pour lequel il a été sur le point d'être traité dans une maison de santé spéciale; un frère de Louis J... est mort récemment d'une méningite tuberculeuse; son autre frère, Alexandre, celui qui a été frappé, a été atteint à l'âge de 3 ans 1/2 d'accidents cérébraux graves avec convulsions, à la suite desquels il est resté affecté de surdité; cette infirmité l'a rendu très-irritable; n'entendant que difficilement et incomplètement, il s'imagine qu'on se moque de lui.

La mère de Louis J... est une femme douce, d'un caractère facile, mais peu intelligente; c'est une tête faible, et à la suite de la mort de son jeune enfant, on a craint qu'elle ne perdît la raison.

Le père, brave et honnête homme, est un type de soldat; gardien de la paix depuis longtemps, il jouit de l'estime de ses chefs, mais dans les dernières années il a donné des signes de fatigue, et en récompense de sa bonne conduite, on le conserve dans un emploi qui est presque une sinécure.

Louis J... n'a pas eu une enfance particulièrement maladive; grêle et d'une constitution débile, il porte des signes de malformations congénitales. Sa tête est asymétrique; les deux bosses frontales ne sont pas égales, la ligne médiane de la voûte palatine est déviée, la face participe à cette déviation.

On le représente généralement comme d'un caractère triste et sombre, quoique serviable et affectueux; ses parents n'ont jamais eu à lui faire de reproches graves; une seule fois, il s'est enivré, et comme on l'en réprimandait vertement, il s'est sauvé de la maison, en criant qu'il n'y reviendrait plus. Plein d'attentions pour sa mère, respectueux vis-à-vis de son père, soigneux des intérêts de son patron, assidu et très-exact à sa besogne, il menait une existence correcte sous les yeux de ses parents.

Bien que ses rapports avec son frère fussent en apparence satisfaisants, il s'élevait de fréquentes querelles entre eux, surtout à l'atelier; la provocation venait souvent du plus jeune, et même, dans une circonstance récente, celui-ci avait blessé son frère aîné d'un coup de pelle à la tête. Louis abusait aussi parfois de la supériorité de sa force physique contre son frère cadet. Une certaine animosité latente semble s'être développée sourdement, peut-être sans que ni l'un ni l'autre en eût conscience. Le plus jeune, et aussi le plus faible, se vengeait par des injures et des provocations des coups qu'il avait reçus; il appelait son frère des noms d'assassins fameux; il n'est pas impossible que celui-ci ait puisé dans les souvenirs que ces noms lui rappelaient une incitation à l'acte qu'il a commis.

Les parents aimaient également leurs enfants, et s'il y avait eu une nuance de prédilection, c'eût été en faveur de Louis.

Les deux frères allaient de temps en temps au spectacle; ils ont assisté à la plupart des drames à sensation; ils lisaient aussi des romans, le cadet plus que l'aîné; le dossier renferme des couvertures de publications illustrées trouvées chez eux, et représentant des scènes de rixe et de meurtre. Ils couchaient dans le même lit, travaillaient chez le même patron; allant et revenant ensemble; toutefois, il arrivait que Louis partait le premier le matin, et se rendait seul à l'atelier; c'est ce qui eut lieu le 5 mai.

La veille, on les avait vus se disputer et se battre dans la cour de la maison où ils travaillaient; Louis, en sa qualité d'ancien, avait été investi d'une certaine autorité sur les autres apprentis; peut-être n'exerçait-il pas avec assez de ménagements son semblant de pouvoir, et son frère n'était pas plus épargné que les autres. Cependant, le soir, chez leurs parents, on ne s'aperçut de rien, et la nuit se passa sans discussions. Ces circonstances préliminaires ont leur valeur, et il importait de les énoncer.

Le 5 mai, Louis part seul, comme nous l'avons dit, pour l'atelier; en y arrivant, il aiguise son couteau. Alexandre vient un peu plus tard et lui demande pourquoi il repasse son couteau; c'est parce qu'il ne coupe pas, répond Louis.

Alexandre descend à la cave, suivant son habitude de chaque matin. Quelques instants après, son frère l'y rejoint et se cache derrière un pilier. Quand Alexandre passe à côté de lui avec un seau de charbon à la main, il se précipite sur lui, sans querelle, sans provocation préalable, et le frappe quatre fois de son couteau; puis il remonte promptement, et rencontrant un ouvrier qui accourait aux cris du blessé, il lui dit d'un ton tranquille qu'il allait chercher le pharmacien.

Il erre toute la journée dans les rues de Paris et dans le jardin du Luxembourg, et vers 5 heures il est arrêté, sans opposer aucune résistance.

Interrogé dans la soirée par M. le Juge d'Instruction, Louis récrimine d'abord contre son frère, prétendant que celui-ci lui «a fait des misères, qu'il l'accuse à faux, qu'il n'est pas vrai qu'il ait aiguisé son couteau, que son frère l'a vu dans la cave, qu'ils y ont causé ensemble, qu'Alexandre l'a appelé vieux cochon et vieux chameau, que c'est alors qu'il l'a frappé, puis d'un ton irrité, il ajoute: Que voulez-vous que je vous dise? Vous prétendez que je fais des mensonges; tout ce que dira mon frère sera la vérité, si vous voulez; qu'avant de mourir, il me charge tant qu'il vous plaira.» Puis conduit à l'Hôtel-Dieu, et confronté avec son frère qui semble être sur le point de rendre le dernier soupir, il change d'attitude, fléchit sur ses jambes, s'arrache les cheveux, et montre le plus grand désespoir; il sa penche vers son frère, l'appelant, lui demandant pardon; Alexandre se soulève avec peine, lui répond d'une voix faible qu'il lui pardonne, et retombe épuisé. Louis est emmené dans le cabinet du Directeur de l'Hôtel-Dieu, et là, avec des cris, des sanglots, et des mouvements convulsifs, il rétracte ses précédentes déclarations, et dit: «Tout ce que je vous ai dit tout à l'heure est faux; mon frère ne m'a pas provoqué; c'est bien pour le frapper que j'ai repassé mon couteau. Papa, papa! Oh! mon Dieu, pardon, Alexandre; laisse moi t'embrasser, Alexandre, Alexandre, il ne me répond pas, il est mort! Ah! il m'avait fait des misères, mais pas assez pour le faire mourir; non, pas assez; j'ai eu tort, moi tout seul, moi tout seul. Assassin, assassin. J'ai tué mon frère; Oh papa, il ne répondra jamais. A-lex-an-dre! qui ne m'a pas embrassé, puisqu'il va mourir, vous me l'avez dit. Caïn! Caïn a tué son frère, moi, je lui ai donné quatre coups de couteau.»

Puis, se tournant vers un des assistants: «C'est mon père, je le vois, mon père, mon père; ton fils, ton fils, vois-tu, c'est un assassin; et c'était demain l'anniversaire de la mort de mon petit frère. Je lui avais acheté une couronne pour la déposer sur sa tombe, et je n'irai pas; je serai à la Roquette, dans un noir cachot. Oui, à la Ro-quet-te.

«Le meurtrier frappe sa victime au grand jour, mais moi, misérable, le fils d'un honnête homme, j'ai frappé dans l'ombre, par jalousie, oui, par jalousie.

«Oh! Alexandre, mais laissez-moi l'embrasser, il est là dans la cave obscure; je l'attends, je lui plonge mon couteau quatre fois, oui, quatre fois; je me sauve comme Caïn, et je dis que je vais chez le pharmacien parce que mon frère s'est fait mal; ce n'était pas vrai, je l'avais tué.

«Meurtrier de ton frère! tu vas mourir; Alexandre, je te vengerai, et je saurai mourir; mon père n'aura plus d'enfants.»

Cette scène, péniblement dramatique, se prolonge plus d'une heure, et M. le Juge d'Instruction remarque que si, par intervalles, Louis paraît sincère dans l'expression de sa douleur, dans d'autres moments son débit emphatique et déclamatoire rappelle celui d'un acteur récitant une scène de mélodrame. Il se demande si Louis ne cherche pas à cacher son indifférence sous des phrases sonores et des exclamations théâtrales. L'interne de garde est mandé, et constate que l'inculpé a le pouls calme, qu'il est parfaitement lucide, quoique sous l'influence d'une surexcitation nerveuse.

Ajoutons que ramené au Dépôt, à la suite de cette scène, Louis était redevenu lui-même, et que le lendemain il demandait des livres et un jeu de cartes. Dix jours après, confronté avec son père, Louis déclare que «son frère était méchant, qu'il le taquinait, parce qu'étant sourd, il croyait toujours qu'on disait du mal de lui; il assure que l'idée lui est venue de le frapper le matin quand il a repassé son couteau, qu'il a hésité, qu'enfin il s'y est décidé, qu'il a été satisfait au moment où il a porté le premier coup, qu'ensuite il a frappé sans savoir ce qu'il faisait, qu'aujourd'hui il en a bien du regret, qu'il mérite le nom de Billoir que son frère lui donnait; il s'agenouille, pleure et demande pardon.»

Dans nos entrevues répétées nous avons trouvé le prévenu, enfantin, obéissant pendant le cours de la visite à des impressions mobiles et contradictoires, tantôt déprimé, tantôt excitable, récriminant ou témoignant de son repentir. Il était facile de faire varier ses dispositions apparentes sans qu'on pût discerner s'il obéissait à un sentiment vrai, ou s'il cédait à l'arrière pensée d'intéresser ses interlocuteurs.

J... comprenait au mieux les questions, ses réponses timidement articulées témoignaient de la réserve défiante qu'on constate si souvent chez les enfants. On comprend combien sont limités les interrogatoires qui s'adressent à un jeune sujet dont l'intelligence ne dépasse pas un étroit questionnaire.

Une fois que nous étions partis, J... reprenait son indifférence et sa sérénité, revenant à ses goûts de jeu et à ses distractions favorites. Les surveillants ne se plaignaient ni de son obéissance, ni de sa conduite, mais il n'éveillait en eux aucune sympathie. De fait, on avait peine, en causant avec lui, à se fier à la sincérité de ses regrets ou de ses larmes; si peu favorable que fût notre impression, et tout en découvrant le dessous d'une nature vicieuse, nous ne pouvions nous dissimuler les chances d'erreur, ni méconnaître les signes d'infériorité cérébrale, accusés à la fois par les antécédents héréditaires et par les malformations évidentes de la face et du crâne.

Ces défectuosités, visibles et palpables, s'imposent au médecin, sans effort d'interprétation, et sont d'une valeur irrécusable. Leur existence ne permettrait pas d'affirmer que des troubles nerveux se produiront fatalement, encore moins d'en prévoir la nature; mais quand un fait inattendu, ou une perversion étrange vient éveiller l'attention, on doit scientifiquement en tenir compte.

Les déformations crâniennes représentent un mode de transmission héréditaire tout particulier. Les ascendants n'ont pas transmis une maladie définie, analogue à celles dont ils pouvaient être atteints, mais ils ont donné le jour à une progéniture dégénérée, inférieure, dépourvue d'équilibre nerveux, capable des pires entraînements, sans aboutir forcément à la folie confirmée. Impulsifs ou instinctifs, ces infirmes de naissance viennent au monde avec des aptitudes pathologiques tantôt durables, tantôt passagères, qui échappent aussi bien à la prévision qu'au classement, et qui ne s'accommodent pas aux lois plus stables des maladies. J... rentre dans un de ces types. Peut-être s'il n'avait pas été provoqué par les injures de son frère, peut-être même s'il n'avait pas été troublé profondément par la mort de son frère le plus jeune, qui paraît lui avoir causé une excessive émotion, ces appétits de violence n'auraient-ils pas fait explosion. Il fallait à la prédisposition dont témoignent et la conformation vicieuse et l'hérédité, l'appoint d'une excitation vive.

Dans ces conditions qui ne sont rien moins qu'exceptionnelles, la question de responsabilité prend une face toute spéciale. Il ne s'agit pas d'un aliéné commandé par des conceptions délirantes invincibles, mais d'un demi-malade entraîné par des idées passionnées auxquelles il ne sait opposer qu'une résistance insuffisante, faute d'une conformation organique égale à celle des autres hommes.

J... a certainement prémédité l'agression, certainement il n'a pas subi une de ces impulsions instantanées que la réflexion n'a le temps ni de corriger ni même d'amoindrir; il pouvait se défendre dans une certaine mesure, et il ne l'a pas fait.

La responsabilité de ses actes ne peut lui être enlevée, mais il nous semble qu'elle n'est pas entière et que les antécédents que nous avons exposés la diminuent notablement.

Depuis qu'il est soumis au régime de la maison de détention correctionnelle, J... paraît s'être amélioré physiquement et même moralement. On est en droit d'espérer que sous l'influence d'une discipline ferme et éclairée, continuée jusqu'à ce qu'il ait atteint l'âge de 21 ans, J... peut gagner encore, l'infériorité de conformation dont on constate chez lui l'existence étant de celles qui s'atténuent par le fait d'une évolution soigneusement et habilement dirigée.

À Paris, le 25 juillet 1877,

CH. LASÈGUE, É. BLANCHE.

Ce qu'il y a de remarquable et d'instructif dans cette affaire, c'est l'influence de l'hérédité et des malformations cérébrales congénitales sur le degré de résistance aux mauvaises tentations.

J... compte plusieurs aliénés parmi ses ascendants; sa mère est une faible d'esprit; son père est atteint d'un affaiblissement intellectuel prématuré; le frère qu'il a frappé est resté sourd à la suite d'accidents cérébraux graves avec convulsions dans sa première enfance; un autre frère est mort d'une méningite; lui-même a la tête asymétrique, et la face déviée ainsi que la scissure de la voûte palatine.

Les parents de J..., qui sont d'ailleurs de très-braves gens, n'ont pas veillé avec une sollicitude éclairée sur l'éducation de leurs enfants. Les deux frères J... ont lu beaucoup de mauvais romans ornés d'images représentant principalement des scènes de meurtre; ils allaient aux théâtres de drames, et ils avaient l'imagination farcie d'aventures romanesques et sanglantes. Le cadet, rendu soupçonneux par sa surdité, était susceptible et taquin; l'aîné abusait souvent avec lui de sa force physique, ce dont le cadet se vengeait en appelant son frère des noms d'assassins fameux; de là des luttes fréquentes qui ne dépassaient pas la limite des coups que l'on échange entre camarades, mais qui avaient fini par altérer les sentiments d'affection réciproque des deux frères.

Les choses en seraient peut-être restées à ce point si J... n'avait éprouvé une commotion très-violente de la mort de son jeune frère; depuis cet événement on avait remarqué un changement dans son humeur, et son système nerveux avait certainement subi un profond ébranlement.

C'est dans cet ensemble de conditions que s'est produite la tentative de meurtre.

Le fait accompli, J... n'en a d'abord qu'une conscience vague; il fuit, et erre toute la journée; vers le soir, il se laisse arrêter; il commence par chercher à se disculper en rejetant la faute sur les provocations incessantes de son frère; son langage trahit encore la colère et la haine; puis, confronté avec son frère qui semble menacé d'une mort prochaine, ses sentiments naturels se réveillent, il éclate en sanglots et en transports de désespoir; quelques instants après il redevient absolument calme et mange de bon appétit.

En somme, antécédents héréditaires fâcheux, vices congénitaux de conformation; pas d'actes qui excèdent la moyenne de ceux auxquels se livrent les enfants vicieux. Grande perturbation attribuée au chagrin que lui cause la mort de son frère, excitation cérébrale croissante caractérisée par de l'agitation, de l'irritabilité, des inégalités plus saillantes de caractère. Tentative de meurtre. La crise passée, retour à l'état habituel; l'appoint de l'excitation cérébrale a seul disparu, mais rien n'est changé au fond de la nature, et dans nos nombreuses entrevues avec J... nous avons toujours été frappés de son accent peu sincère et de son égoïsme, qu'il ne réussissait pas à dissimuler sous des expressions d'affection pour ses parents et de repentir.

Toutefois, nous avions constaté que les soins physiques et moraux dont il était l'objet dans la maison des jeunes détenus avaient sur lui une influence favorable, et en lui attribuant une responsabilité limitée, nous avions demandé qu'il fût maintenu jusqu'à sa majorité sous le régime correctionnel.

Le jury l'a acquitté, et J... a été rendu à sa famille.

HÉRÉDITÉ - ÉPILEPSIE - ALCOOLISME - TENTATIVES DE
SUICIDE - VOL - TENTATIVES D'HOMICIDE
-
RESPONSABILITÉ ATTÉNUÉE.

G..., âgé de 45 ans, marié, est fils d'un père aliéné et d'une mère morte d'apoplexie cérébrale. Un de ses enfants est épileptique, et un de ses neveux s'est brûlé la cervelle. G... est atteint d'épilepsie; il a eu la première attaque à l'âge de 15 ans; une seconde survint peu de temps après, et depuis, elles se sont reproduites 12 fois, avec des intervalles de deux, trois et quatre années. G... a fait deux tentatives sérieuses de suicide; l'une en 1852 et l'autre en 1875.

Au mois de janvier 1877, il a eu un accès d'alcoolisme aigu dont il a été traité à l'asile de Ville-Évrard.

Engagé volontaire, d'abord dans la marine, puis dans l'armée de terre, il a été grièvement blessé devant Sébastopol. Mis à la retraite, il a reçu la médaille militaire.

Depuis, son existence a été des plus désordonnées: successivement inspecteur de commissariat de police, garde-champêtre, représentant de commerce, employé dans diverses administrations publiques, expéditionnaire dans une étude de notaire, planton à la Banque de France, il ne peut conserver aucune position, tantôt révoqué, tantôt démissionnaire, et enfin il en est réduit à sa pension militaire.

Marié deux fois, séparé judiciairement de sa femme qu'il avait abandonnée avec cinq enfants, il rencontre une fille B..., pour laquelle il conçoit une violente passion, dont il a un enfant, et qu'il rend si malheureuse qu'elle rompt avec lui; il la poursuit de ses instances, mais sans réussir à la ramener. Exaspéré, il la menace de l'assassiner.

Sans emploi, presque dénué de ressources, ne vivant que d'expédients et d'emprunts, le plus souvent ivre, il commet un vol. Pris de remords, il ne voit pour lui de refuge que dans la mort; il achète un couteau, bien décidé, dit-il, à en finir avec une vie qui lui est insupportable.

Toutefois, avant de mourir, il veut avoir une dernière entrevue avec sa maîtresse; il lui écrit pour la supplier de le recevoir, et dans sa lettre, après l'avoir rassurée sur ses intentions à son égard, il lui avoue le vol qu'il a commis, et lui annonce sa résolution de se tuer.

La fille B..., terrifiée par les menaces de son amant et incrédule à ses promesses, le dénonce à la police comme un voleur, et demande à être protégée contre ses poursuites.

G... la guette, et au moment où elle sort de chez elle, il s'approche pour lui parler, et est arrêté; les agents les emmènent tous deux, et presqu'aussitôt G... frappe la fille B... d'un coup de couteau.

Quand je le visite à Mazas, G... est calme et lucide; il ne cherche pas à se disculper des actes qu'il a commis, en les attribuant à un trouble de raison; il me déclare qu'il savait parfaitement ce qu'il faisait quand il à volé, et quand il a frappé la fille B... il s'est laissé emporter par l'indignation d'être trahi par une femme qu'il aimait passionnément, et qui pour se débarrasser de lui l'avait livré à la justice. Il se reconnaît coupable et ne demande que de l'indulgence.

Cette observation est intéressante en ce qu'on y trouve réunis l'hérédité, l'épilepsie, l'alcoolisme, deux tentatives de suicide, et comme crise finale, une tentative d'homicide, et qu'on peut y suivre les effets de ces diverses influences et l'intensité de plus en plus marquée des impulsions auxquelles G... a successivement cédé, sans perdre toutefois conscience de ses actes.

C'est d'abord une grande inconsistance d'esprit, l'inaptitude à des occupations régulières, un besoin immodéré de mouvement.

Dans une seconde période, des passions violentes, une existence aventureuse, des excès de boisson, le dénûment, la misère, des accès de désespoir, des tentatives de suicide; puis, une troisième période dans laquelle on trouve d'abord une impulsion au vol que rien dans les antécédents de G... ne pouvait faire prévoir, et enfin, l'impulsion qui détermine une tentative d'homicide.

Ainsi a vécu, ainsi a agi G...

D'une constitution cérébrale originellement défectueuse, épileptique, ivrogne, il était prédisposé aux impulsions contre lesquelles ses facultés mal équilibrées ne lui donnaient pas une force normale de résistance, mais, sauf un accès court de délire alcoolique, il n'a pas présenté de véritables troubles de la raison; ce n'est pas un aliéné. Il reconnaît d'ailleurs que dans les actes dont il est inculpé il savait ce qu'il faisait.

Il n'y avait donc pas lieu à le considérer comme irresponsable, et je n'ai demandé pour lui qu'une atténuation de responsabilité, en me fondant sur ses antécédents héréditaires et sur la névrose dont il est atteint.

G... a été condamné à dix ans de réclusion.

CONDITIONS DÉFECTUEUSES D'HÉRÉDITÉ CÉRÉBRALE - PARESSE - IVROGNERIE - TROUBLES INTELLECTUELS À PEINE APPRÉCIABLES ET SÉPARÉS PAR DE LONGS INTERVALLES - ABSENCE DE CRISES IMPULSIVES - DOUBLE MEURTRE - RESPONSABILITÉ ATTÉNUÉE.

Commis par arrêt de la Cour d'assises de Seine-et-Marne, séant à Melun, en date du 11 mai 1877, à l'effet d'examiner, au point de vue de l'état mental, le nommé M... (Gédéon), inculpé d'homicides, Nous, Médecins soussignés, après avoir prêté serment entre les mains de M. Blanquart-des-Salines, juge d'instruction au tribunal de la Seine, après avoir pris connaissance des pièces du dossier, et avoir longuement et à plusieurs reprises, soit ensemble, soit séparément, visité l'inculpé au dépôt de la Préfecture de police, avons consigné le résultat de notre examen et de nos investigations dans le rapport suivant:

M..., âgé de 27 ans, sabotier, demeurant au hameau de l'E..., commune de Saint-R..., Seine-et-Marne, a l'aspect d'un ouvrier de la campagne, robuste et bien portant. Son attitude et sa physionomie sont tristes, mais calmes; il se présente convenablement, et il répond avec beaucoup de netteté et du ton le plus naturel aux questions que nous lui adressons.

Sans les nombreuses entrevues que nous avons eues avec M..., nous n'avons remarqué chez lui ni le désir de se disculper des actes qu'il a commis, ni l'intention de cacher les sentiments qui l'y ont poussé. Nous allons reproduire exactement ce qu'il nous a dit:

«M... est sabotier de son état; pendant la belle saison, il travaille aux champs; il a été à l'école, il aime la lecture; il a gardé ses livres, et il les lit de temps en temps; c'est surtout l'histoire qui lui plaît. Il s'est marié il y a trois ans. Quand il l'a épousée, sa femme avait 17 ans; elle était servante de ferme; elle était gentille; il l'aimait bien; il n'avait pas eu de relations avec elle avant le mariage. Pendant les premiers mois ils ont fait bon ménage. Ils sont restés chez son père jusqu'à la naissance de leur fille; quand sa femme a été accouchée, ils se sont installés chez eux à l'E... C'est alors que sa femme a commencé à ne plus travailler, et quand il lui faisait des observations, elle lui disait des sottises; elle lui fichait des injures, et lui disait de faire lui-même de la cuisine, s'il voulait en manger; elle se portait bien, elle n'était pas faible; elle ne faisait que s'occuper de son enfant et le promener; il ne trouvait jamais son repas prêt en rentrant; il devait le préparer lui-même; ça lui faisait perdre du temps; il y avait souvent des querelles, et toujours pour le même motif; quand il lui faisait des reproches, elle parlait d'aller se noyer. Malgré leurs querelles, ils couchaient toujours ensemble; sa femme était enceinte de cinq mois environ, quand il l'a tuée, et il l'a tuée parce qu'elle était une paresseuse; l'enfant, il l'a tuée, parce qu'elle aurait été déshonorée par la société, comme étant la fille d'un meurtrier. Il y a cinq ou six mois, un homme avec qui il avait fait des affaires lui a donné une paire de pistolets; il les a rapportés chez lui, et les a serrés après les avoir montrés à sa femme; à ce moment il n'avait pas la pensée de s'en servir pour tuer sa femme; ce n'est que deux ou trois mois plus tard que la pensée lui en est venue; il avait le désir de la tuer, mais il n'osait pas le faire; l'idée lui est venue de long, et elle est devenue de plus en plus habituelle; à la fin, il ne pensait plus qu'à cela.

Le 5 février, sans qu'il y ait eu plus de discussion qu'à l'ordinaire, il s'est décidé à faire le coup; sa petite fille était malade, elle avait la diarrhée et elle vomissait; il a été chez le pharmacien chercher des médicaments pour l'enfant; le soir, il a été demander du lait à un voisin pour faire un cataplasme à sa fille; il est rentré sur les huit heures; il a soigné l'enfant avec sa femme jusqu'à minuit; à cette heure-là, il a dit à sa femme de se coucher, que lui, veillerait l'enfant; sa femme s'est couchée; il s'est mis à lire l'histoire de Napoléon Ier, et quand il a vu sa femme bien endormie, sur les deux heures du matin, il est allé prendre les deux pistolets dans un placard près de la cheminée, il est revenu près du lit où sa femme était, et il lui a déchargé un coup de pistolet dans la tête, derrière l'oreille droite; elle a poussé un petit cri, mais n'a pas bougé; ensuite, il a été vers l'enfant qui dormait dans son berceau, et lui a également tiré un coup de pistolet dans la tête; puis, il s'est sauvé en courant, sans regarder ni la mère ni l'enfant; il est allé à Coulommiers pour se rendre à la justice, mais il n'a pas osé se présenter, il a erré toute la journée dans la ville; le garde-champêtre l'a arrêté vers les quatre heures; il n'a fait aucune résistance.»

Tel est le récit que M... nous a fait, chaque fois que nous l'avons visité, et toujours identiquement dans les mêmes termes, et du même accent calme et impassible. Son récit est d'ailleurs absolument conforme à ses dépositions dans le cours de l'instruction judiciaire, ainsi qu'on en pourra juger par les extraits que nous allons donner, et elles le complètent sans le modifier:

«Je ne vivais pas en bonne intelligence avec ma femme, qui refusait de travailler et qui dépensait beaucoup d'argent; je le lui disais, mais nous ne nous sommes jamais frappés; je n'ai jamais menacé ma femme de la tuer; la veille, je n'avais pas eu de discussion avec elle; quand j'ai vu que ma femme dépensait, je me suis mis à manger également de l'argent; je m'enivrais quelquefois.--Ma femme ne pouvait pas se corriger de ses mauvaises habitudes; elle ne travaillait pas bien dans son ménage; nous avions quelques lapins, j'étais obligé d'aller leur chercher moi-même à manger; je ne gagnais pas beaucoup d'argent; j'étais toujours dérangé dans mon ménage; j'étais même obligé de faire ma soupe. Il y a environ huit jours que me voyant à bout de ressources, je formais tous les jours la résolution d'accomplir mon dessein; la veille au soir, il n'y avait plus d'argent à la maison; je n'avais bu que deux ou trois verres de petit vin chez nos voisins; je n'étais pas ivre; j'avais chargé les pistolets il y a trois ou quatre semaines, mais je ne savais pas encore que je tuerais ma femme et mon enfant. J'ai préparé moi-même le cataplasme et l'ai posé à ma fille; si je ne l'avais pas tuée ce jour-là, cela lui aurait fait du bien pour plusieurs jours.

J'ai pris la précaution de ne pas me coucher pour ne pas m'endormir afin d'accomplir mon dessein. J'avais préparé le grand couteau pour les achever, si je ne les avais pas tuées du coup. J'ai tué ma fille, parce que j'avais peur qu'elle tombe dans de mauvaises mains après la mort de ma femme, et qu'elle soit mal gouvernée. J'ai été à Coulommiers pour me livrer à la justice; si je ne me suis pas rendu, c'est que je me suis dit que je serais pris dans la journée. Je connais la gravité du crime que j'ai commis; je m'en repens; je n'étais point en état d'ivresse lorsque je l'ai commis; si c'était à recommencer, je ne le ferais pas; pendant la conversation que j'ai eue la veille au soir chez le voisin, je pensais au crime que j'allais commettre.»

Voici ce que M... avait dit à son voisin: «Je suis dans une maison de malheur; il a failli y avoir un assassin. Ferais-tu comme moi? Pardonnerais-tu à ceux qui font de mauvaises choses et qui ont de mauvais penchants?»

Cette conversation avait paru peu ordinaire au voisin, qui avait trouvé M... triste et pas comme d'habitude, mais pas en état d'ivresse. Quant à l'attitude, à la conduite, et au langage de M... pendant la journée qui a suivi la nuit dans laquelle il avait tué sa femme et sa fille, ajoutons à ce qu'il nous en dit lui-même, les renseignements fournis par l'instruction:

«Le double meurtre accompli, M... quitte aussitôt sa maison et se rend à Coulommiers; il y arrive de grand matin; c'était en février; il entre dans le premier cabaret qui s'ouvre; on remarque le désordre de ses vêtements et son air fatigué et abattu; il mange et boit, paie sa dépense, et comme il n'a plus d'argent et qu'il est connu, on lui en offre; il répond: je n'ai plus besoin d'argent, je n'ai plus besoin de travail, je n'ai plus besoin d'emprunt; je vivrai et je serai plus tranquille que toi. Il boit la goutte et dit en souriant: j'ai tué ma femme et mon enfant; puis, s'adressant à voix basse à un de ses parents: si tu savais ce que j'ai fait chez nous, tu me ficherais un coup de couteau; tu entendras demain, mercredi, le nom de M... voler de bouche en bouche, car j'ai tué ma femme et mon enfant. Paie-moi encore une goutte, c'est la dernière que tu me paieras, je viens pour me rendre. On dira que je suis une canaille; je ne ferai pas mes vingt-huit jours de réserviste cette année. Je savais bien que quand je dirais la chose, on ne me croirait pas. Toi, comme ami, je te ferai quelque chose; à toi, comme cousin, je te ferai quelque chose, et je ferai quoique chose à tous mes camarades.»

«Puis M... se met à plaisanter; il dit qu'il est en noce, qu'il est parti en bordée avec des camarades; qu'il est venu à Coulommiers pour des affaires assez graves, qu'il a femme et enfant, mais qu'il n'est pas marié; il ne paraît être ni ému, ni tourmenté; il mange de bon appétit, et cependant on lui entend dire qu'il a perdu son repos, et avec un de ses cousins il s'exalte, il déclame à tort et à travers, il parle de justice, de Melun, et il le quitte en lui disant: je ne te verrai plus ni toi ni mon pays; mais malgré son air égaré, son cousin ne le croit pas. On lui demande si sa femme ne sera pas inquiète de ne pas le voir rentrer le soir. Ah! répond-il, ma femme est bien tranquille, elle ne se tourmente pas; elle et mon enfant sont plus tranquilles que toi et moi; elles sortiront de la maison, quand on viendra les chercher, je les ai tuées; on ne peut être deux dans le même ménage.

Au moment de son arrestation dans la journée, il ré- pond au garde champêtre: c'est moi qui ai fait le fait, et il le suit de bonne volonté; quand on l'interroge sur les motifs de son action, il se tait, et demande à manger, parce qu'il n'a pas mangé depuis le matin, et qu'il a faim.»

Pour achever l'exposé de l'affaire, il nous reste à don- ner quelques détails sur le caractère, les habitudes et la manière de vivre de M... et de sa femme, ainsi que sur sa famille, et sur les conditions héréditaires dans les- quelles il est né.

M... était généralement considéré comme un homme d'un caractère doux; certains cependant disaient qu'il était taciturne et sournois. Jusqu'à son mariage, il ne semble pas avoir eu une mauvaise conduite; ce n'est que depuis environ deux ans qu'il a commencé à boire, et qu'il est devenu paresseux et oisif. Les témoins disent de lui qu'il aimait à s'amuser; il rentrait souvent ivre le dimanche, et très-tard; il fallait parfois que sa femme allât le chercher au cabaret; elle le grondait, il y avait des disputes, mais l'un et l'autre semblaient s'attacher à cacher ce qui se passait dans le ménage, et ils avaient la réputation de vivre en bonne intelligence.

On s'accorde à représenter la femme comme une per- sonne douce, laborieuse, économe, sans grande expé- rience, ce qui peut signifier qu'elle n'était pas très-intel- ligente, mais très-bonne pour son mari, ne se plaignant jamais, de moeurs irréprochables, ce que M... déclare aussi lui-même. M... dépensait beaucoup d'argent pour subvenir à ses goûts, et il s'en procurait en vendant les biens appartenant à sa femme; celle-ci ne s'y opposait pas, et probablement pour éviter des querelles, qui n'étaient déjà que trop fréquentes, elle donnait son consentement à toutes les ventes pour lesquelles il lui demandait sa signature. Il voyait avec regret cette ressource s'épuiser assez vite, et à quelques observations de son beau-père sur ses dépenses exagérées, il avait répondu par des récriminations à l'adresse de son beau-frère, à propos d'un compte de tutelle, dans lequel lui, M..., prétendait avoir été lésé; ce beau-frère était le tuteur de la femme M..., et M... était alors irrité à ce point contre lui qu'il avait dit que «s'il le rencontrait, il lui donnerait un coup de couteau». Dans cette même conversation, M... parla d'un homme qui avait fait tuer sa femme par son batteur, et dit «que lui, ne ferait pas cela, que s'il était mal avec elle, il aimerait mieux la quitter».

M... traitait ses affaires au cabaret; il avait la tête légère, il buvait volontiers, on le grisait pour le rendre plus accommodant, et on lui achetait au-dessous de leur valeur les terres de sa femme.

M... s'amusait souvent, quand il rentrait ivre dans la nuit, à tirer des coups de pistolet pour réveiller le monde, disait-il; il tirait aussi par manière de plaisanterie sur sa femme et son enfant et les effrayait en brûlant des capsules. Il semblerait toutefois que depuis quelque temps M... avait renoncé à ces jeux, et qu'il faisait moins d'excès; sa femme a même déclaré qu'il ne s'était pas dérangé depuis le mois de novembre dernier.

D'après ce que nous avons appris en dehors de l'instruction judiciaire, M... est d'une famille dans laquelle il y a eu, depuis plusieurs générations, de nombreux mariages consanguins. Son père et sa mère sont de braves gens, mais à l'intelligence lente et courte. Sa soeur est atteinte d'une affection nerveuse chronique; elle souffre de dyspepsie, d'entéralgie et de vertiges causés par des troubles fonctionnels de l'estomac; elle est incapable de tout travail, mais elle n'a jamais présenté de désordres intellectuels. Un de ses cousins germains, qui est en même temps son beau-frère, a l'esprit très-borné, et est absolument dénué de mémoire. Enfin, un oncle de M... est mort de paralysie agitante, sans avoir jamais eu la raison troublée.

Quant à M... lui-même, depuis qu'il se livrait à des excès alcooliques, on avait remarqué chez lui comme une surexcitation de la personnalité; il avait une opinion exagérée de son importance; il semblait convaincu que tout devait céder devant sa volonté, et que chacun devait se sacrifier pour lui; il manifestait parfois des inquiétudes au sujet de sa propre sécurité, et il ne serait pas impossible que ce fût cette préoccupation qui l'eût engagé à accepter les pistolets, lorsque son camarade les lui offrit, et qui expliquât aussi pourquoi il lui arrivait assez souvent de tirer des coups de feu pendant la nuit; enfin, d'après la déclaration de son père, M..., depuis deux mois, se plaignait de ne pouvoir travailler, parce qu'il avait le sang à la tête, peut-être trois ou quatre fois par mois.

Telles sont les informations que nous avons recueillies sur M..., sur son caractère, sur ses habitudes, sur ses antécédents de famille et personnels, et sur les circonstances qui ont précédé, accompagné et suivi le double meurtre dont il est inculpé. Il nous reste maintenant à les considérer au point de vue de la mission qui nous est confiée.

Lorsque les magistrats et les jurés sont en présence d'un homme qui déclare tranquillement qu'il a tué sa femme, parce qu'elle ne lui préparait pas régulièrement sa soupe, et qu'il a tué sa fille parce qu'elle aurait été déshonorée comme étant la fille d'un meurtrier, il est impossible qu'ils ne pensent pas que l'inculpé est un insensé dont il est nécessaire de faire examiner l'état mental. Cet examen, nous l'avons fait avec l'attention la plus scrupuleuse; nous l'avons poursuivi pendant de longues séances, et nous n'avons plus qu'à en faire connaître le résultat.

M... est un homme d'une constitution physique vigoureuse; il a la tête bien conformée; ni dans sa figure, ni dans sa physionomie, ni dans ses yeux, on n'observe rien d'anormal; son intelligence, originellement peu étendue, n'a pas été développée par la lecture qui est un de ses passe-temps favoris; il n'est cependant pas absolument sans instruction. C'est un caractère concentré; il parle peu, mais il s'exprime avec netteté.

Nous avons exposé plus haut quelles étaient les conditions de santé de sa famille et ses antécédents héréditaires. Quant à lui, si depuis qu'il se livrait à des excès alcooliques on avait remarqué un certain changement dans ses idées, une certaine exaltation, et même quelques inquiétudes chimériques; si, d'un autre côté, depuis deux mois, suivant le dire de son père, il se plaignait parfois d'avoir le sang à la tête. Nous devons déclarer que dans toutes nos entrevues avec lui il ne s'est jamais plaint de s'être mal porté; il nous a, au contraire, assuré que sa santé était très-bonne; il n'a ni maux de tête, ni étourdissements, et si, sous l'influence de ses excès, il a témoigné d'une certaine excitation mentale, soit en parlant avec exagération de son importance et de sa valeur personnelles, soit en exprimant des craintes pour sa propre sécurité, cette modification dans son état cérébral habituel n'a jamais été assez prononcée pour que nous puissions y voir un trouble quelque peu notable et durable de la raison, causé par l'intoxication alcoolique. D'ailleurs, il paraîtrait que depuis quelque temps, il était devenu plus sobre, et tous les témoins sont unanimes à déclarer que la veille de la nuit où il a tué sa femme et sa fille il n'était dans un état ni d'ivresse, ni même de surexcitation.

Nous n'avons découvert chez M... aucune trace de conceptions délirantes, ni d'illusions des sens, ni d'hallucinations; il n'a pas non plus cédé à un de ces entraînements instantanés, irrésistibles, tels qu'on en observe chez les épileptiques, chez les vertigineux, et aussi chez certains malades qui présentent des symptômes d'affections cérébrales à évolution périodique ou rémittente, puisque de son propre aveu, il pensait depuis plusieurs semaines à faire ce qu'il a fait.

M... n'étant ni un idiot, ni un imbécile, ni un épileptique, ni un vertigineux, ni un impulsif, ni un halluciné, ni un alcoolisé, qu'est-il donc?

C'est un paresseux d'une intelligence limitée, ombrageux, aimant, comme disent les témoins, à s'amuser, avide d'argent, et dépensier quand il s'agissait de se procurer un plaisir, travaillant à son heure, mécontent d'un gain qui lui semblait au-dessous de sa peine, et préférant épuiser son capital en vendant les biens de sa femme. Il avait contracté des habitudes de cabaret auxquelles il lui aurait été incommode de renoncer, et il voyait avec chagrin son avoir diminuer, en même temps que s'augmentait sa responsabilité de père de famille. Si sa femme le laissait libre de disposer de ce qu'elle possédait, et si elle se résignait, non sans querelles, à son inconduite, elle se bornait à soigner son enfant, et ne travaillait pas assez pour remplir le vide que faisait l'oisiveté de son mari. Elle devenait ainsi pour M... une charge, et non une source de produits; un enfant était déjà onéreux, et un second enfant n'allait pas tarder à naître.

Voilà, autant qu'on peut l'induire de ses réponses laconiques, les pensées qui dominaient l'esprit de M..., et avec lesquelles il vivait constamment depuis quelques mois. Ses excès avaient bien pu affaiblir ses facultés, morales et affectives, sans cependant provoquer une maladie caractérisée. M... a résisté pendant quelque temps; il a lutté contre l'idée du meurtre, il l'a repoussée, puis enfin, un jour, il a résolu d'en finir. Il n'a pas demandé au vin une excitation passagère pour lui rendre plus facile l'accomplissement de son dessein. C'est au moment où sa fille était malade, à la fin d'une journée exempte de tout excès, et d'une soirée employée aux soins qu'exigeait la maladie de sa fille, après avoir engagé sa femme à se reposer, en lui promettant de veiller sur l'enfant, et après avoir lu paisiblement pendant deux heures un livre d'histoire, qu'il a été chercher ses pistolets, et les a déchargés sur sa femme et sur son enfant.

Le lendemain, M... est moins calme que la veille; il manifeste par instants, du trouble et de l'émotion, mais il conserve encore cependant une tranquillité extraordinaire; il a conscience de ce qu'il a fait, et parle de lui comme d'un homme qui n'existe plus pour le monde, acceptant d'avance la peine qui doit lui être infligée et à laquelle il ne cherche pas à se soustraire.

Assurément, quand on envisage le mobile auquel a cédé M..., quand on considère sa quiétude avant le meurtre, au moment où il le commet, et son attitude dans les heures qui le suivent, on ne peut se défendre d'une profonde impression d'étonnement; il n'y a là ni colère, ni convoitise, ni un de ces éclats de passion qui déterminent le plus habituellement les crimes et les expliquent, et cependant aucune condition pathologique manifeste n'apparaît comme ayant été la cause et, pour ainsi dire, la raison du double meurtre commis par M..., et nous en sommes réduits à ne pouvoir le rattacher qu'à une succession d'idées étranges, qui ne témoignent ni d'un sens droit, ni d'une raison équilibrée, mais qui ne présentent pas les caractères de la folie, et qui ont pu germer dans l'esprit d'un homme, né dans des conditions défectueuses d'hérédité cérébrale, égoïste, ivrogne, ami du plaisir autant qu'ennemi du travail, moralement affaibli par les excès mais ayant cependant conservé son libre arbitre et la conscience de ses actes.

Une dernière conclusion peut résumer ce travail: si M... n'avait pas commis le double meurtre pour lequel il a été l'objet d'un examen au point de vue de son état mental, aucun médecin ne songerait à l'interner comme aliéné dans un asile, soit à cause de son état actuel, soit en invoquant des troubles antérieurs de santé, continus ou intermittents.

Signé: CH. LASÈGUE, A. MOTET, É. BLANCHE.

Nous n'avons pas à faire ici à un homme présentant les caractères de la folie. M... est né dans des conditions défectueuses d'hérédité cérébrale, son intelligence n'est pas grande, sans être notablement au-dessous du niveau des gens de sa classe; il a même un certain goût pour la lecture des livres sérieux et une certaine instruction, principalement dans les choses de l'histoire.

M... n'est pas non plus un alcoolisé, à proprement parler; si depuis son mariage il fréquentait volontiers les cabarets, s'il s'enivrait assez souvent, ses excès de boisson n'ont produit chez lui que des troubles très-légers et très-passagers, et si ses facultés morales, originellement peu développées, en ont été encore affaiblies, ce n'a jamais été au point de le priver de la faculté d'apprécier ses actes.

D'un autre côté, si M... n'est pas aliéné, ce n'est évidemment pas non plus un homme dont le jugement soit parfaitement sain, et après avoir lu les détails du double meurtre qu'il a commis, les mobiles qui semblent seuls l'avoir inspiré, les circonstances qui l'ont précédé et suivi, on ne peut s'étonner que les magistrats et les jurés aient désiré que M... fût examiné au point de vue de l'état mental. Cet examen ne pouvait pas aboutir à un résultat plus net et plus positif que ne l'était l'état mental de l'inculpé.

En effet, si nous avions trouvé chez M... de ces crises cérébrales décisives et qui ont pour conséquence l'homicide, nous n'aurions pas hésité à le déclarer irresponsable, mais en l'absence de ces crises significatives, nous avons dû conclure qu'il n'était pas aliéné, et nous nous sommes bornés à des considérations tirées de son état habituel et qui étaient de nature à amoindrir sa responsabilité. Le jury, adoptant nos conclusions, a accordé à

M... les circonstances atténuantes. En conséquence, M... a été condamné aux travaux forcés à perpétuité.

Dans le courant d'avril dernier, un assassinat commis au milieu de la journée, dans une rue très-fréquentée, causait une immense émotion dans Paris. Un marchand avait fait entrer un garçon de recettes dans son magasin et l'avait tué pour le voler. Arrêté immédiatement, l'assassin avait avoué son crime.

Au cours de l'information, et dans des circonstances que le rapport fait connaître, nous avons été chargés, M. le Dr Motet et moi, de constater l'état mental du prévenu. À la suite d'un examen minutieux, nous avons déclaré M... responsable de ses actes. Le jury a rapporté un verdict de culpabilité, en accordant les circonstances atténuantes.

M... a été condamné aux travaux forcés à perpétuité.

Le 20 avril 1878, à 1 heure de l'après-midi, un homme, la tête nue, sort en courant d'une boutique de la rue Saint-Lazare, n° 50; presqu'au même instant, un autre homme sort de la même boutique, pousse le cri: Arrêtez-le! assassin! chancèle, et tombe sur le trottoir. On arrête immédiatement celui qui fuyait, c'était M..., marchand brocanteur, locataire de la boutique n° 50.

On s'approche de l'homme qui était tombé; il était couvert de sang; on le relève et on le transporte dans une pharmacie voisine où il expire presqu'aussitôt. C'était S..., garçon de recettes de la Société générale.

Le concierge de la maison de la rue Saint-Lazare, n° 50, attiré par le bruit, vient dans la rue, voit un attroupement, y va, et reconnaît son locataire M... que des gardiens de la paix emmenaient au commissariat de police; il l'y suit, et là lui dit: Malheureux, qu'avez-vous fait? M... répond d'abord: «Ma femme et mes enfants». Puis, «J'avais besoin d'argent». Quatre heures plus tard, interrogé par M. le juge d'instruction, M... «reconnaît qu'il frappé S... avec le couteau qu'on lui représente,» et il ajoute: «J'étais dans le besoin, ayant des dettes; privé de l'argent nécessaire pour payer mon loyer échu depuis le quinze de ce mois, j'ai vu passer le nommé S..., garçon de recettes, que je ne connaissais pas; je l'ai prié d'entrer chez moi pour me donner la monnaie de billets que je n'avais pas. Après être entré, S... a fermé la porte de mon magasin; je lui ai demandé, je crois, la monnaie de mille francs; pendant qu'il était en train de la compter sur mon petit bureau, je suis allé dans ma cuisine chercher le couteau que vous me représentez, et je suis revenu près de S..., et, sans rien dire, je lui ai porté le coup qui lui a donné la mort.

«Je n'ai fait entrer S... chez moi que pour le voler et me procurer l'argent dont j'avais besoin. Quand j'ai vu S... tomber sur les tapisseries qui étaient au milieu de mon magasin, j'ai ouvert ma porte, et je me suis sauvé.»

Telles sont les circonstances dans lesquelles a été commis l'assassinat dont M... est inculpé; telle a été l'attitude, telles ont été les déclarations de M..., au moment même de l'assassinat, et dans les premières heures qui l'ont suivi ces déclarations, il les a renouvelées et les a même complétées au cours de l'instruction.

Après avoir dit que la pensée de tuer S... pour le voler lui était venue à l'esprit au moment où il avait aperçu le garçon de recettes dans la rue, il a avoué qu'il avait formé ce projet depuis quelques jours, poussé qu'il était par son besoin d'argent, et par la nécessité de s'en procurer à tout prix pour éviter les poursuites et la saisie.

Dans les dépositions des témoins, dans le langage et la tenue de M..., rien n'était apparu qui fût de nature à faire suspecter l'intégrité de la raison de l'inculpé; ses réponses avaient toujours été nettes et précises; ses aveux étaient complets; il n'alléguait aucune excuse, aucune circonstance atténuante.

L'information touchait donc à son terme, lorsque la femme de M... apporta au magistrat-instructeur une note dans laquelle elle affirmait qu'a des époques, déjà assez éloignées d'ailleurs, son mari avait donné des signes de trouble mental dont elle n'avait jamais parlé ni à lui ni à d'autres, et qu'elle croyait de son devoir de faire connaître à la justice: une première fois, il y a neuf ans, M... avait été pris d'une attaque; il se serait mis à courir dans le jardin avec un panier qu'il s'était attaché au corps; puis, il serait tombé comme une masse se débattant un moment, et serait resté par terre environ une demi-heure sans qu'on pût le relever; avec l'aide de voisins, on l'aurait porté dans sa chambre, où il se serait agenouillé devant le lit de ses enfants en pleurant et en leur demandant pardon. Le lendemain, il serait resté abattu, ne se rappelant rien, et on ne lui en avait pas parlé pour ne pas lui faire de la peine.

Second fait: En 1875, à Dieppe, M... se serait mis à bousculer des caisses énormes dans son magasin, il aurait saisi un grand couteau qui se trouvait accroché à une planche de la cuisine, et s'en serait donné un coup dans la poitrine, si sa femme n'avait pu saisir le couteau à temps; elle se serait ensuite sauvée avec ses enfants, en poussant un cri qui avait attiré un passant auquel elle aurait dit, comme explication, que c'étaient des caisses qui avaient failli les écraser.

Dans une troisième occasion, au mois de décembre 1877, étant allé sur la tombe de sa mère qu'il aimait tendrement, au moment de se recueillir, il se serait mis à rire avec une physionomie égarée.

Enfin, étant en bateau avec son fils, il aurait fait des contorsions et des mouvements saccadés qui auraient effrayé l'enfant, au point que celui-ci n'aurait plus aimé à sortir seul avec son père.

C'est alors que nous avons été chargés d'examiner l'état mental de M...

Pour que cet examen fût complet, nous ne nous sommes pas bornés à rechercher si les faits allégués par la femme M... s'étaient passés comme elle le prétendait, s'ils avaient présenté le caractère qu'elle leur donnait, si on pouvait les rattacher à un état morbide se manifestant par accès, et, comme conséquence, si l'acte du 20 avril pouvait avoir quelque analogie d'origine avec les actes qui avaient eu lieu notamment en 1869 et 1875; nous avons étudié M..., ses antécédents de famille, ses antécédents personnels, son caractère, ses penchants, ses goûts, ses habitudes, et nous avons cherché à bien préciser quel était son état mental à l'époque où a eu lieu le meurtre dont il est inculpé.

M... est fils d'un père qui vit encore et qui n'a jamais été atteint de troubles cérébraux; il a perdu sa mère, il y a dix-huit mois; elle a succombé à une affection organique de l'estomac; elle était, dit-on, peu intelligente, se laissait absolument dominer par son mari, mais son infériorité mentale n'était pas telle qu'il y ait lieu d'en tenir compte comme prédisposition héréditaire.

Un cousin germain de M..., âgé de 22 ans, est épileptique.

M... est âgé de 41 ans, de taille moyenne, bien constitué, et de tempérament nerveux. D'un caractère très-vif, il était cependant d'humeur facile dans son intérieur, plein d'affection pour sa femme et ses enfants. Réputé très-habile connaisseur en objets d'art, c'était chez lui une véritable passion, et jadis il lui est parfois arrivé de s'imposer des privations pour devenir possesseur d'un tableau qu'il désirait. D'habitudes sombres, sa grande distraction était la promenade sur la rivière.

Dans notre première entrevue, il nous dit qu'il jouit d'une excellente santé; que depuis une fièvre typhoïde qu'il a eue vers l'âge de 15 ans, et dont il s'est rétabli rapidement, il ne se rappelle pas avoir été malade, qu'il a seulement de temps en temps des maux de tête, de courte durée, mais jamais ni étourdissements, ni vertiges, ni pertes de connaissance, qu'autrefois il avait quelques douleurs de rhumatisme, mais qu'il n'en a pas souffert l'hiver dernier.

Interrogé sur la disposition d'esprit dans laquelle il était à l'époque du meurtre, il nous répond qu'il était triste et préoccupé parce qu'il se voyait dans l'impossibilité de faire face à ses engagements; il n'avait pas pu payer le terme du 15 avril, et il demandait des remises de jour en jour. Le 19, il était moins tourmenté, nous dit-il, parce qu'il espérait faire une vente dans la matinée du 20; il avait bien dormi, et était venu de bonne heure à Paris, comptant sur un acheteur qui devait le tirer d'embarras, mais le client espéré ne se présenta pas; M... avait promis de payer son terme dans la journée, et il n'en avait pas l'argent. C'est alors que voyant venir le garçon de recettes, il eut, nous dit-il, la pensée de le faire entrer dans sa boutique, sous prétexte de lui demander de la monnaie, et avec l'intention de le tuer pour le voler.

Telles sont exactement les premières réponses que M... nous fit. Il ne nous avait rien dit des faits mentionnés par sa femme; mais comme il était allégué, au moins pour un de ces faits que M... ne se l'était pas rappelé, et qu'on ne lui en avait pas parlé; avant d'interroger de nouveau M... nous voulûmes entendre sa femme. Elle nous répéta ce que contient sa note écrite et qui est reproduit plus haut. Elle ajouta qu'il était tombé deux fois à l'eau. Nous lui avons demandé en outre si son mari n'avait pas quelquefois uriné au lit la nuit sans s'en apercevoir et s'il ne se plaignait pas d'étourdissements. Elle nous répondit qu'elle se souvenait qu'il avait uriné une fois au lit, et qu'il s'était plaint quelquefois d'étourdissements.

Lorsque nous revîmes M..., notre but principal était de bien constater s'il n'avait aucun souvenir des faits dont sa femme nous avait informés, et nous dirons tout de suite que si M... n'en avait gardé aucune trace dans la mémoire, ces faits auraient eu, à nos yeux, une valeur que ne leur ont pas laissée les explications qu'il nous a données dans la seconde conversation que nous avons eue avec lui.

Voici, en effet, ce que M... nous a dit dans cette seconde conversation:

«Je me souviens très-bien d'avoir eu un malaise à Argenteuil; c'était à la suite d'une discussion avec ma femme. Je me suis mis en colère (je suis assez vif); je suis resté par terre dans le jardin pendant quelque temps, mais je n'ai pas été malade à la suite de cela; je suis venu le lendemain à Paris comme d'habitude.

«Quant à l'affaire de Dieppe, je m'en souviens très-bien aussi. C'était à cause d'un objet que j'avais acheté. Ma femme m'a reproché de l'avoir payé trop cher; il y a eu une discussion; j'ai eu une scène avec ma femme, et, dans un mouvement de vivacité, j'ai brisé différentes choses, et j'ai voulu me frapper avec un couteau. Cela a attiré du monde dans la maison, et, pour ne pas dire ce qui en était, on a dit que je voulais mettre des caisses en ordre et que j'étais tombé. Je me rappelle très-bien maintenant.

«Vous me demandez si j'ai eu des étourdissements lorsque je suis tombé à l'eau. Une fois, je suis tombé en retirant l'ancre de mon canot; j'ai fait un faux mouvement; une autre fois, il faisait grand vent, mon canot a chaviré.--J'ai eu de la peine à gagner le bord, parce que le courant était très-fort, que j'avais des bottes et un vêtement très-épais; j'étais épuisé en arrivant sur la berge; c'était un accident.

Quant à avoir uriné au lit la nuit, il me semble bien qu'on m'a dit un jour qu'on avait du faire sécher mes draps que j'avais mouillés.»

Nous interrogeons alors de nouveau M. sur les circonstances dans lesquelles s'est accompli le meurtre dont il est inculpé.

Il nous avoue qu'il avait des dettes qu'il ne pouvait acquitter, qu'il avait promis le jeudi 18, à deux de ses créanciers de leur donner un fort à-compte le surlendemain, 20 avril, et qu'il s'était en outre engagé à payer le même jour son propriétaire; que c'est la nécessité absolue de se procurer de l'argent qui lui a inspiré la pensée de ce qu'il a fait, qu'il n'a d'abord pensé qu'a s'emparer de l'argent, après avoir tué l'homme, et qu'il aurait songé plus tard à se débarrasser du cadavre.

À ce qu'il nous avait déjà dit, il ajoute qu'il se rappelle avoir rencontré le matin un de ses amis sur le boulevard, mais qu'il ne se souvient pas bien de leur conversation, qui a été très-courte; il nous parle de la visite qu'il a faite en arrivant chez lui au concierge de la maison, et de sa promesse de payer son terme dans la journée; il nous raconte tous les détails du meurtre, la lutte qu'il a eue avec S..., et comment, saisi de frayeur, il s'est sauvé dans la rue. Ses souvenirs sont très-précis, et il nous a donné toutes ces explications, simplement, sans efforts et presque sans réticences.

Les déclarations et les aveux de M... constituent un ensemble de circonstances et de faits qui ne comportent pas l'existence, le jour où a eu lieu l'acte incriminé, d'un trouble de l'intelligence, si subit et si passager qu'il eût pu être, et qui prouvent, au contraire, que M... était en pleine possession de ses facultés, maître de ses déterminations, et non dominé par une influence morbide irrésistible.

Après les déclarations de la femme M..., c'était cette influence morbide qu'il était de notre devoir de rechercher, et les faits qui nous étaient révélés et présentés avec une apparition soudaine, imprévue, une évolution rapide, suivis d'une perte complète de mémoire, nous indiquaient suffisamment dans quelle voie devaient être dirigées nos investigations.

Les épileptiques seuls ont de ces crises qui se bornent parfois à des actes excentriques et bizarres, qui déterminent d'autres fois des scènes de violence, et qui n'aboutissent que trop souvent à des meurtres. Nous devions donc examiner scrupuleusement quel aurait été le véritable caractère des accès qui nous étaient signalés, si anciens qu'ils fussent, si rares et si éloignés les uns des autres qu'ils eussent été.

C'est M... qui nous a donné lui-même les explications dont il ne soupçonnait pas l'importance et qui réduisent énormément la valeur des troubles passagers qu'il aurait éprouvés en 1869 et en 1875. Mais, en admettant même que ces troubles aient eu l'importance qu'on voudrait leur attribuer, ils n'ont certainement exercé aucune influence notable sur les facultés intellectuelles de M..., et on ne saurait trouver dans les circonstances où a été accompli le meurtre dont il est inculpé aucun des caractères que l'on observe dans les homicides commis par les épileptiques.

Les épileptiques meurtriers appartiennent en effet à trois classes distinctes:

Les uns, soit avant, soit après une attaque convulsive ou simplement vertigineuse, sont pris tout à coup d'un accès de fureur aveugle, et poussés par une force irrésistible, se précipitent, frappent au hasard le premier venu, et le tuent, puis, tombent dans un anéantissement profond, et ne se rappellent pas ce qu'ils ont fait.

Ils ne savent ni pourquoi ils ont frappé, ni qui ils ont tué.

Chez d'autres à crise non convulsive, l'impulsion n'éclate pas aussi soudainement et n'est pas aussi rapide dans son évolution; ceux-ci hésitant, luttent contre l'entraînement qui les sollicite, semblent combiner leur agression, et en réalité ne font que parcourir en quelques heures les phases de l'accès qui doit aboutir à l'acte de violence.

D'autres enfin, en dehors des attaques éclamptiques, ont subi une perversion mentale qui s'établit et devient permanente. Ils repassent incessamment dans leur esprit troublé les conceptions délirantes qui les dominent, ils délibèrent longtemps et patiemment, et n'en arrivent à l'acte que lorsque la congestion cérébrale, reconnaissable à ses signes habituels, a acquis une intensité suffisante pour déterminer la violence terminale.

Nous n'avons rien observé chez M... qui put le faire rattacher à une de ces classes de malades. D'après ses propres déclarations et ses aveux, il a été poussé, dans l'acte dont il est inculpé, par des mobiles parfaitement raisonnés; il avait besoin d'argent, et ne savait où en trouver; il a prémédité et combiné le moyen auquel il a eu recours pour s'en procurer.

L'avant-veille et la veille, et le matin même du jour du meurtre, il n'a pas eu l'esprit troublé; il se rappelle tout ce qu'il a fait, sauf peut-être les détails exacts d'une conversation avec un de ses amis, mais cette légère lacune dans ses souvenirs peut être facilement expliquée par la préoccupation où il était. Il se souvient également de tous les détails de l'accomplissement du meurtre, et des circonstances qui l'ont suivi. On est donc là en présence d'un acte réfléchi, voulu, et qui n'a offert, à aucun moment, le caractère des impulsions irrésistibles, ou provoquées, par des conceptions délirantes. En conséquence de tout ce qui précède, nous concluons que:

1° Le 20 avril 1878, M... (Louis-Adolphe), était dans un état mental qui lui laissait le libre exercice de sa volonté et la conscience de ses actes.

2° Les troubles passagers de l'intelligence que M... aurait présentés en 1869, en 1875 et en 1877, n'ont pas pour nous l'importance que la femme M... semble leur donner. En admettant même que M... eût été atteint à plusieurs reprises d'incontinence nocturne des urines, il n'est pas démontré qu'elle puisse être rattachée à des accès de mal comitial.

Nous ne pensons pas que des accidents aussi rares, séparés par des intervalles aussi longs, dont M... a conservé le souvenir, dont il donne une explication acceptable, et auxquels manquent la plupart des caractères habituels des attaques convulsives ou vertigineuses, aient pu avoir une influence sur ses facultés intellectuelles.

3° En conséquence, M... (Louis-Adolphe) doit être considéré comme responsable des actes dont il est inculpé.

Paris, le 27 mai 1878.

Signé: A. MOTET, É. BLANCHE.